Clase de Dibujo

Retratos

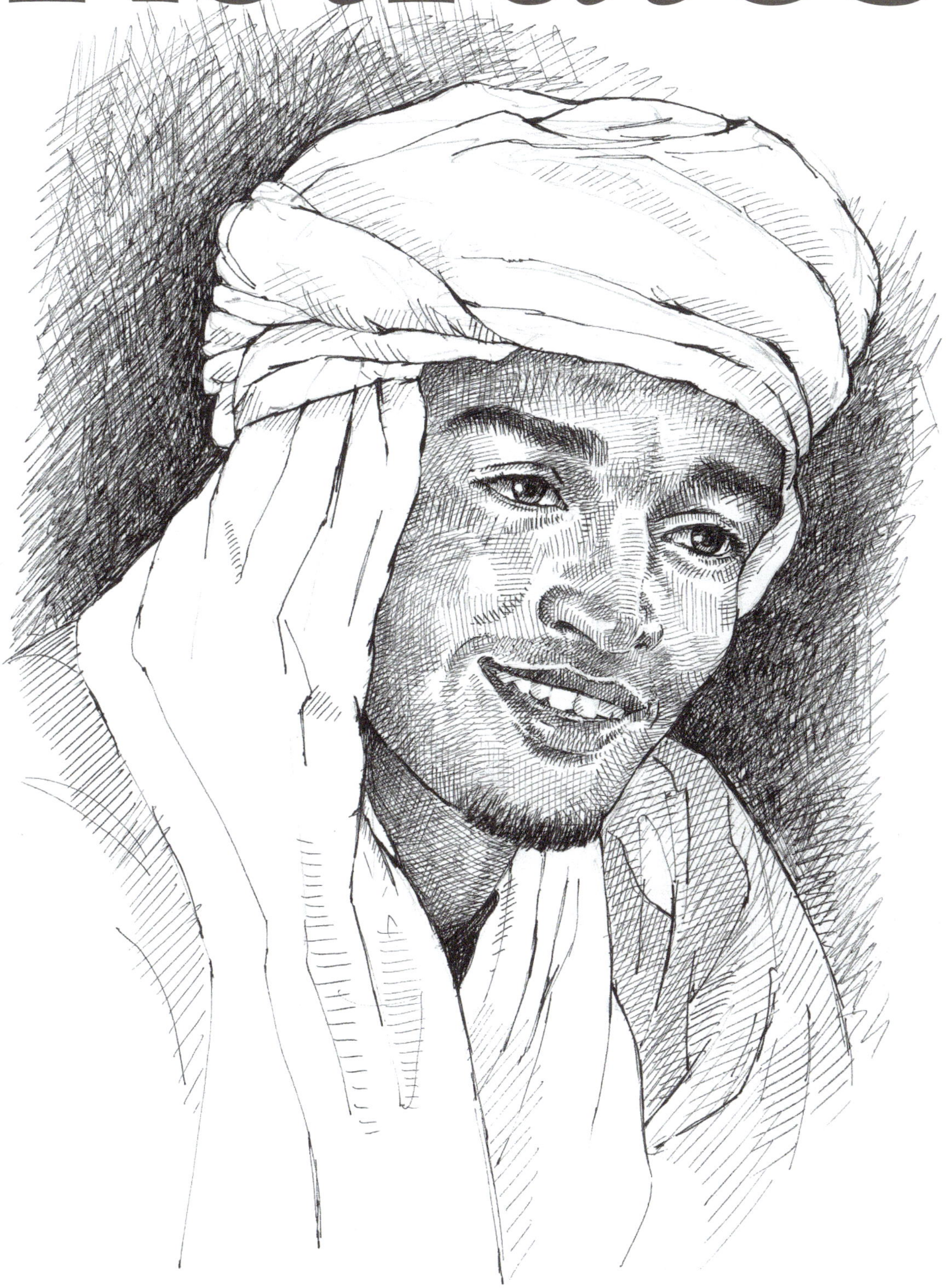

Dedicatoria

A Eric, que ha sido un voluntarioso y
sufrido modelo en muchas de mis clases
de pintura; por su apoyo constante y
su ánimo a lo largo de toda mi carrera
artística.

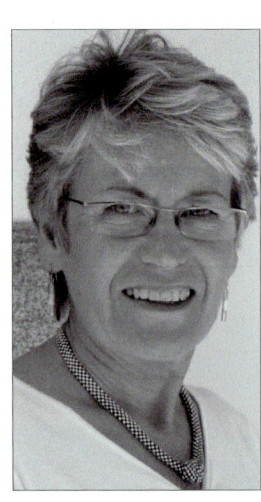

Carole Massey nació en Hetfordshire, Gran Bretaña, y estudió en la Escuela
de Arte Saint Alban y en la Escuela de Arte y Diseño de Leicester. Después
de desarrollar su carrera profesional como publicista y diseñadora gráfica,
Carole Massey decidió volver a su pasión inicial, la pintura, dedicándose a
ella a tiempo completo. En la actualidad imparte cursos y talleres de fin de
semana y en verano también organiza cursos intensivos de pintura. Sus obras
se exhiben en numerosas exposiciones y es muy conocida por sus retratos de
famosos, en su mayoría inspirados en fotografías. Utiliza una gran variedad
de medios entre los que se incluyen las pinturas acrílicas, las acuarelas, los
pasteles y los lápices.

Clase de Dibujo
Retratos

Carole Massey

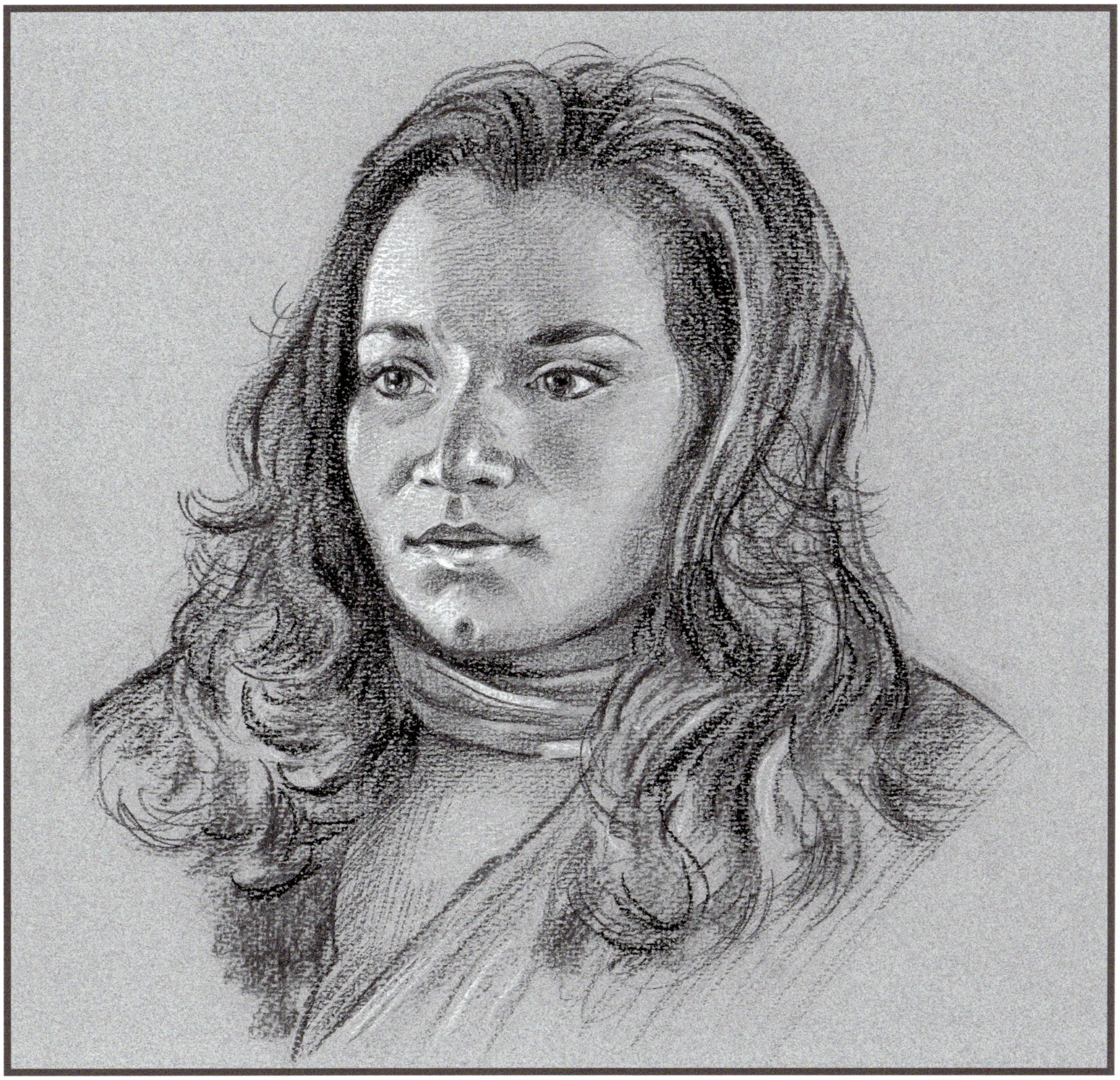

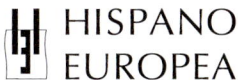

HISPANO
EUROPEA

Título de la edición original:
Portraits

Publicado por primera vez en lengua inglesa por:
Search Press Limited
Wellwood, North Farm Road,
Tunbridge Wells, Kent TN2 3DR

© del texto e ilustraciones: Carole Massey

© Fotografías: Search Press Limited

© de la edición en castellano, 2018:
Editorial Hispano Europea, S. A.
Primer de Maig, 21 - Pol. Ind. Gran Via Sud
08908 L'Hospitalet (Barcelona), España
E-mail: hispanoeuropea@hispanoeuropea.com

© de la traducción: Esther Gil

Depósito Legal: B. 2564-2015

ISBN: 978-84-255-2107-2

Consulte nuestra web:
www.hispanoeuropea.com

Impreso en España

Agradecimientos

Mi más sincero agradecimiento a mi editor, Edd, y a Roz, así como a todo el equipo profesional de *Search Press*. Gracias a todos los que me han aportado referencias útiles para este libro, entre ellos, Alexandra, Alf, Ali, Ann, Ann y Stewart, Ben Linzi, Bob, Bridget, Charity, Christa, Don, Elsie, Fan, Fergus, Louis, Hannah, John, John M., Marilyn, Molly, Nat, Natalie, Niel, Roger, Sam, Sara y Rosie, Stewart, y Tor. También a Charity, Cora, Ella, Eric, Henrietta, Lorraine, Phil y Roz por sus fotografías de caras del Lejano Oriente, Oriente Medio, Brasil, Kenia y Gambia.

(Portada)
Alexandra
Carboncillo (izquierda), lápiz (derecha).

(Página 1)
Bashir
Pluma y tinta.

(Página 3)
Natalie
Lápices de pastel.

(Página del índice)
La mujer de la piña, Cuba
Lápiz.

Índice

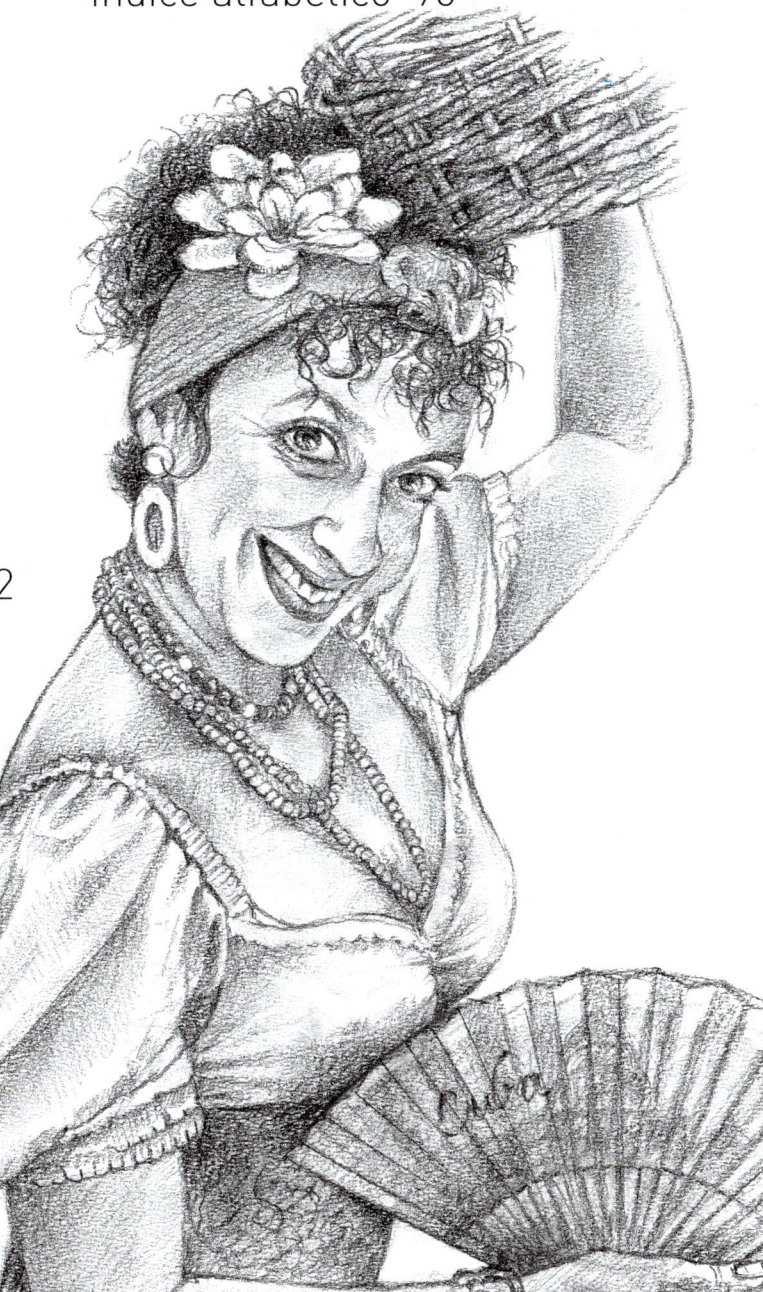

Introducción

Sin ayuda ni orientación, el instinto natural de un niño es dibujar su entorno inmediato y la gente más importante para él. Esos primeros garabatos son siempre creaciones intuitivas que no intentan conseguir un parecido, sino que son representaciones simbólicas. Así es como hemos empezado todos.

Los retratos que realizamos más tarde distan mucho de aquellos trazados inocentes: dibujamos formas y ángulos completos de la cabeza, aprendemos la disciplina de la perspectiva, tenemos en cuenta la luz y las sombras, y conocemos la importancia de la forma negativa, sabemos que un buen dibujo requiere tiempo, orientación, experiencia... y, sobre todo, práctica.

Todos aquellos que tienen la capacidad de dibujar un retrato o conseguir una similitud convincente son vistos por los demás como personas con talento. Sin embargo, creo que en realidad la clave está en cómo ves y en qué ves. Es cuestión de entrenar el cerebro para traducir la información del ojo a una superficie adecuada. Ver la cabeza en términos de formas y patrones abstractos nos asistirá en este proceso analítico.

Afortunadamente, hay muchas técnicas que pueden ayudarnos a mejorar nuestra percepción y a evaluar estas dificultades. Mi objetivo es desmitificar todo el proceso de dibujar a personas y asistir tanto al principiante como a personas más experimentadas para que confíen más en sus capacidades gracias a un enfoque simplista y a una observación minuciosa con lápiz (grafito), carboncillo y pluma de tinta. Esta obra examina los materiales, las sombras, las proporciones y los rasgos tanto de adultos como de niños: el pelo, el vello facial, la ropa, las poses, la composición, la iluminación, etc. y todo, mostrado con ejemplos paso a paso.

Realizar retratos, como cualquier otra habilidad, requiere práctica, práctica y más práctica, así que dibuja lo máximo posible. Puedes hacerlo en un bloc de dibujo para ir viendo el progreso de tu capacidad de observación. Si deseas trabajar con modelos al natural y no encuentras a nadie que quiera posar, prueba con un autorretrato utilizando uno o varios espejos.

Dibuja a los presentadores o a los entrevistados en televisión. Es divertido examinar caras familiares para determinar qué es lo que les da esa personalidad distintiva.

Trabajar con modelos reales no siempre es posible ni práctico, aunque sin duda es la mejor manera de entender a la persona, ya que contribuye a captar esa esencia indefinible que da energía y vida a la obra. Muchos de los ejemplos de este libro han sido creados a partir de mis propias fotografías y de esbozos que había hecho de personas reales. Cuando empiezas a dibujar retratos, trabajar con fotografías es más fácil, ya que la imagen ya está reducida a dos dimensiones. Prueba con tus propias fotografías, pues conoces muy bien tus rasgos y tu personalidad. Cuando ya tengas más seguridad, podrás trabajar con modelos reales, puesto que es una práctica muy gratificante.

Mi interés por los retratos empezó hace unos treinta años, cuando un amigo me animó a asistir a unas clases de pintura por la tarde. Aunque yo ya había dibujado mucho a modelos en la escuela de arte, el retrato como tal no estaba incluido en las asignaturas, y la experiencia de dibujar y pintar al natural despertó mi atención. Desde entonces, me han encargado muchos retratos a lápiz, a carboncillo, con tinta, con pastel, con pintura acrílica y al óleo.

Tanto si se es joven como mayor, la cara humana representa un reto constante y, sin duda, te cautiva. Quizás sea la disciplina del dibujo más exigente, pero para mí también la más gratificante. Espero que este libro te inspire y compartas mi entusiasmo por este tema tan estimulante.

(al lado)
Molly
Estudio en lápiz, hecho con modelo al natural. En la parte superior izquierda están los pasos iniciales del dibujo.

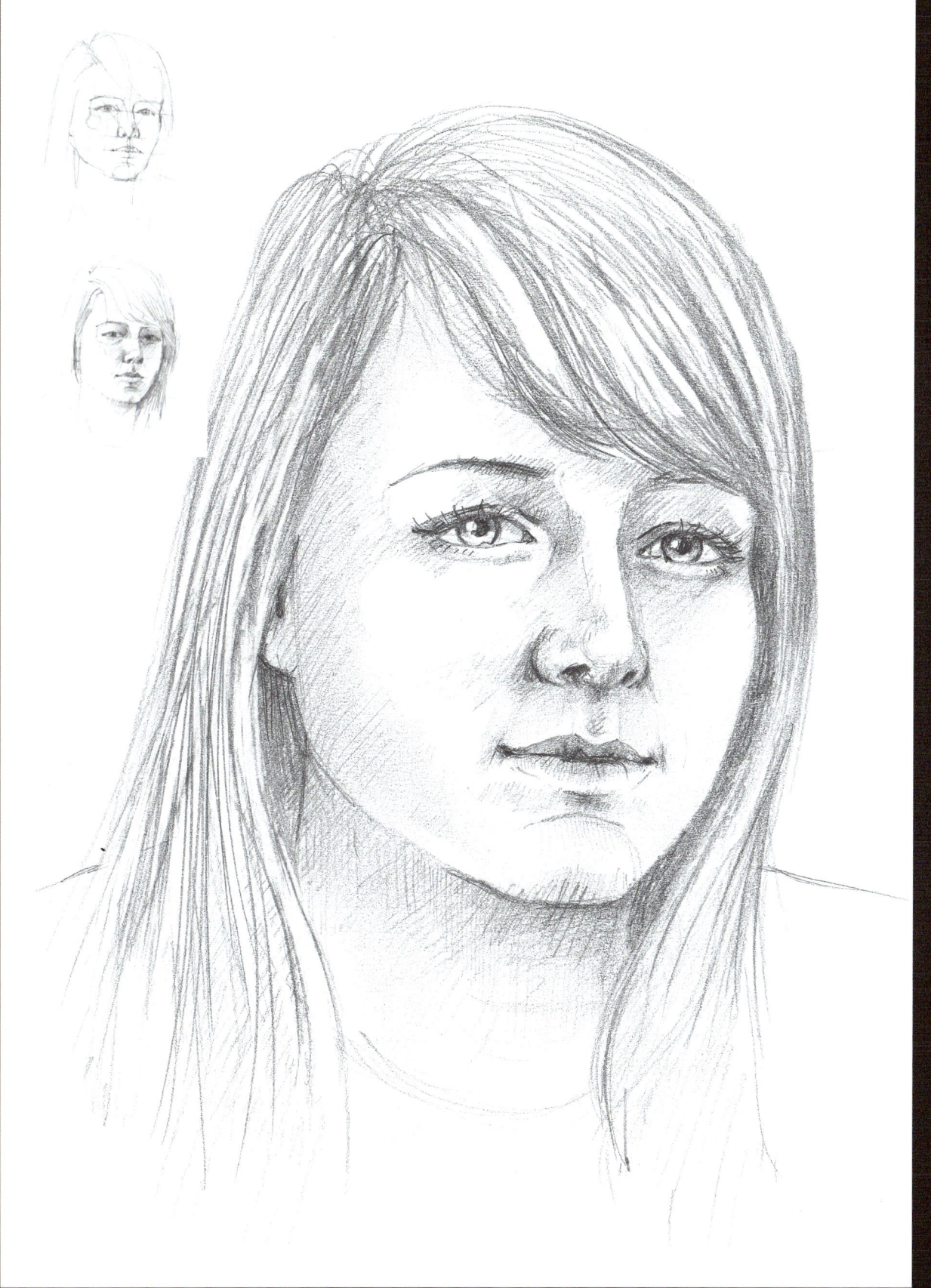

La historia del dibujo de retratos

Estudio de Elizabeth

Leonardo da Vinci era un maestro del sfumato, una técnica de sombreado suave, difuminado, que permitía que pareciese que las figuras emergían de las sombras. Aunque produjo relativamente pocas pinturas y vivió hace más de quinientos años, sigue siendo uno de los artistas más conocidos en el mundo.

Los retratos, tal y como los conocemos hoy en día, surgieron hace 2500 años en Grecia; tenían el objetivo de conseguir la perfección más que una representación precisa y sus esculturas mostraban una estética de proporciones perfectas más de acuerdo con figuras sobrehumanas que con personas de carne y hueso. En el siglo II a.C., la demanda de retratos creció, ya que los romanos pudientes encargaban retratos para afianzar su posición social que requerían suficiente realismo como para que el retrato fuese reconocible y este después se colocaba sobre un torso bello y estilizado.

Los retratos sufrieron un declive con la caída del Imperio romano. Los artistas de la Edad Media estaban más preocupados por crear imágenes icónicas de Dios que por representar a sus contemporáneos, de manera que el arte era estilizado y simbólico. No fue hasta el Renacimiento cuando el retrato volvió a emerger como una forma artística importante, así como los artistas y, puesto que estos dependían del apoyo de unos mecenas adinerados, las figuras de los dibujos religiosos volvieron a basarse en personas reales.

El Renacimiento también impulsó varios avances importantes en el arte del retrato. Los perfiles planos se convirtieron en imágenes tridimensionales y los artistas intentaban transmitir la personalidad del sujeto. El uso del modelado y la perspectiva —una herramienta recién descubierta—, ayudaron a trasladar el sentido del espacio y la profundidad.

Los dibujos de esa época a menudo se plasmaban en frescos: pigmentos aplicados directamente sobre estuco fresco en las iglesias, con lo que el invento de las pinturas con base oleosa en la Europa del siglo XV revolucionó el retrato. Las pinturas al óleo sobre tablones y lienzos sustituyeron a los paneles de témperas al huevo, creando imágenes que se pudieran transportar y permitiendo que las obras de arte llegasen a una audiencia mucho más amplia, idea atribuida a van Eyck. Sea o no sea la primera persona que utilizó este método, su influencia en el Renacimiento es incuestionable. Su retrato más famoso, conocido como *El matrimonio Arnolfini*, muestra a una joven pareja de pie, en una pose formal, rodeados por símbolos de su pasado y su futuro. Es un retrato rico en color, con detalles luminosos y una sutil difusión de la luz.

Uno de los retratos más conocidos de todas las épocas es, sin duda, *La Mona Lisa —La Gioconda—* de Leonardo da Vinci. Hay mucha especulación y conjeturas sobre su identidad, pero fuese quien fuese, su enigmática sonrisa sigue cautivándonos hoy en día y emanando tanto misterio como hace cinco siglos. Pintada a lo largo de varios años (1503-1506), el sutil trazo de sus formas, la novedosa perspectiva aérea y su atmósfera de ilusionismo ha inspirado a artistas a lo largo de los siglos.

El conocimiento y las técnicas desarrolladas durante el Renacimiento condujeron a unas obras más sofisticadas y realistas. Aunque el éxito comercial y la gran riqueza de ciudades como Venecia impulsaron el mercado de retratos —concebido para alabar a los mecenas—, los artistas hallaban mayor libertad en los autorretratos donde podemos ver su verdadera expresión, estado anímico y personalidad.

Los reveladores autorretratos de Rembrandt trazan este progreso a lo largo de la vida. El contraste entre este autorretrato de un hombre joven de treinta y cuatro años y la cara de desencanto y agotamiento de un señor de sesenta y tres, en el año en que murió (1669), muestran su supremo dominio del arte.

Vamos a continuar admirando y aprendiendo de los grandes artistas de retratos del pasado: Caravaggio, Velázquez, Rubens, Goya, Dürer, Frans Hals y van Dyck, por nombrar unos cuantos. Tanto si reprodujeron perfectamente a sus modelos como si no, sus obras siguen transmitiendo vida y personalidad, y continúan enseñándonos las técnicas esenciales de dibujo que empleamos en la actualidad: modelado, pose, tonos y composición.

Al inventarse la fotografía en el siglo XIX, se vivió un impacto positivo en los dibujos de retratos aunque en aquel momento se temía que, con el tiempo, la fotografía acabase sustituyendo a los retratos tradicionales. El impacto de la fotografía es evidente en los planos cortados y en unas imágenes más íntimas, más informales, que reflejan la vida cotidiana en obras como las de Courbet y Degas, que vieron un nuevo realismo imparable en este medio.

En contraposición con este realismo, artistas como Cézanne, van Gogh, Matisse y Picasso hicieron grandes avances en el análisis de los colores y las sombras, lo que confería una especie de «impresión» del sujeto, un sentido de la luz y el movimiento en vez de representar de manera fría la imagen superficial. Ellos abrieron camino a otros artistas para pintar lo que sentían en lugar de lo que veían. Del Impresionismo solo había un paso al Cubismo, al Expresionismo, al Fauvismo y, por último, a la abstracción. El retrato estaba en su máximo apogeo. Se había convertido en un vehículo que revelaba tanto sobre el artista como sobre el modelo.

En el siglo XX ya se tenía libertad para explorar todas las técnicas y formatos, para ir desde el fotorrealismo a la abstracción, desde la miniatura hasta el mural o el *collage*. Todo se consideraba idóneo en los retratos. Sin duda, los mecenas y la alabanza de la imagen siguen teniendo su influencia, pero en un giro inesperado y curioso, muchos artistas retratistas en la actualidad son más famosos que sus clientes. Además, en la última década, internet ha creado una audiencia global y el arte ha salido de las paredes de las galerías de arte. Nuestros horizontes ya no tienen límites.

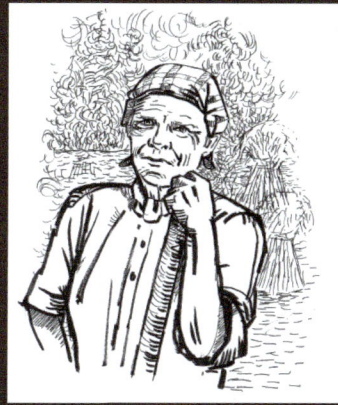

Campesina bretona

Van Gogh retrató con frecuencia a los trabajadores de las granjas con los que vivía y trabajaba. Aquí he utilizado un palito y una pluma con tinta para emular su estilo, utilizando líneas fuertes para delinear las figuras y trazos curvados para el paisaje.

Retrato de un joven

Este dibujo lineal con lápiz está inspirado en los retratos elaborados por David Hockney. Podemos aprender mucho del modo en que es capaz de captar la personalidad del modelo gracias a una extrema economía de las líneas y unos dibujos tan sencillos que podrían incluso calificarse de minimalistas.

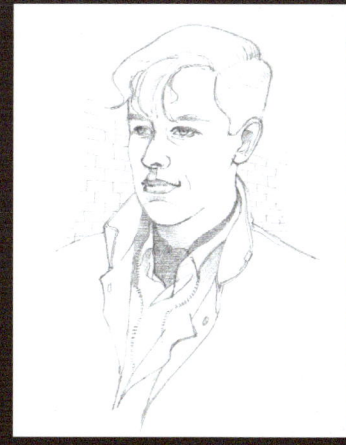

Material

LÁPICES DE GRAFITO

Los lápices son la manera más económica y común para dibujar, ya que siempre disponemos de ellos. Están hechos de una mina de grafito rodeada por madera y están disponibles en multitud de formas, tamaños y grados de dureza u oscuridad, que van desde 9H (muy duro) hasta 9B (muy blando). La elección del estilo y la dureza dependerá de la preferencia personal.

Para realizar retratos a mí me gusta utilizar los lápices 2B y 4B.

Lápices portaminas Llevan unas minas muy finas y no requieren sacar punta. Algunos tienen una gomita en el extremo que es muy práctica. Yo utilizo los portaminas de 0,5 mm y 0,7 mm.

Lápices de carpintero La mina plana y ancha de este tipo de lápices nos permite crear tanto líneas gruesas como finas.

Barras de grafito *progresso* Se pueden utilizar para obras de gran tamaño donde se necesite cubrir zonas amplias.

Opacadores Están hechos de cera negra endurecida, así que crean una marca suave y oscura que no se puede eliminar fácilmente.

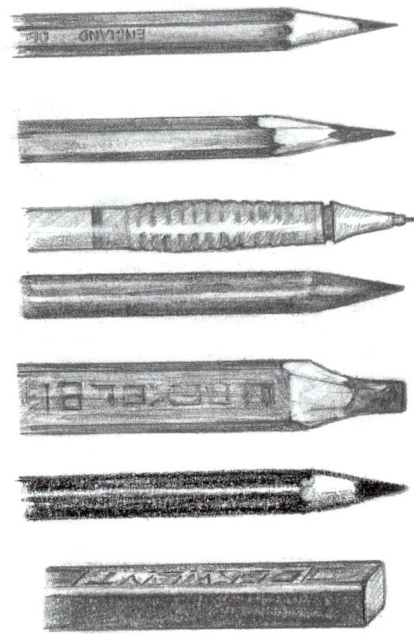

De arriba abajo: lápiz de grafito, lápiz de grafito afilado con un cuchillo para obtener más mina, portaminas, lápiz progresso, lápiz de carpintero, opacador y barra de grafito.

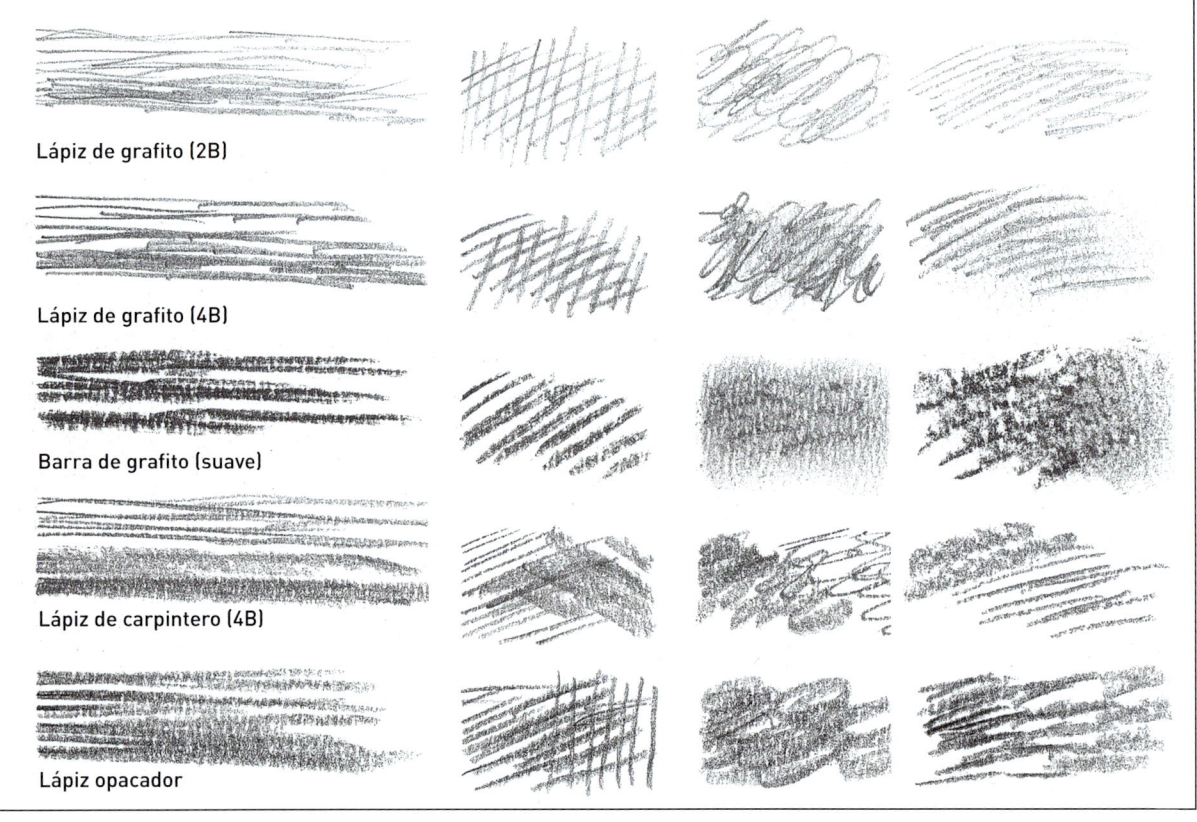

Lápiz de grafito (2B)

Lápiz de grafito (4B)

Barra de grafito (suave)

Lápiz de carpintero (4B)

Lápiz opacador

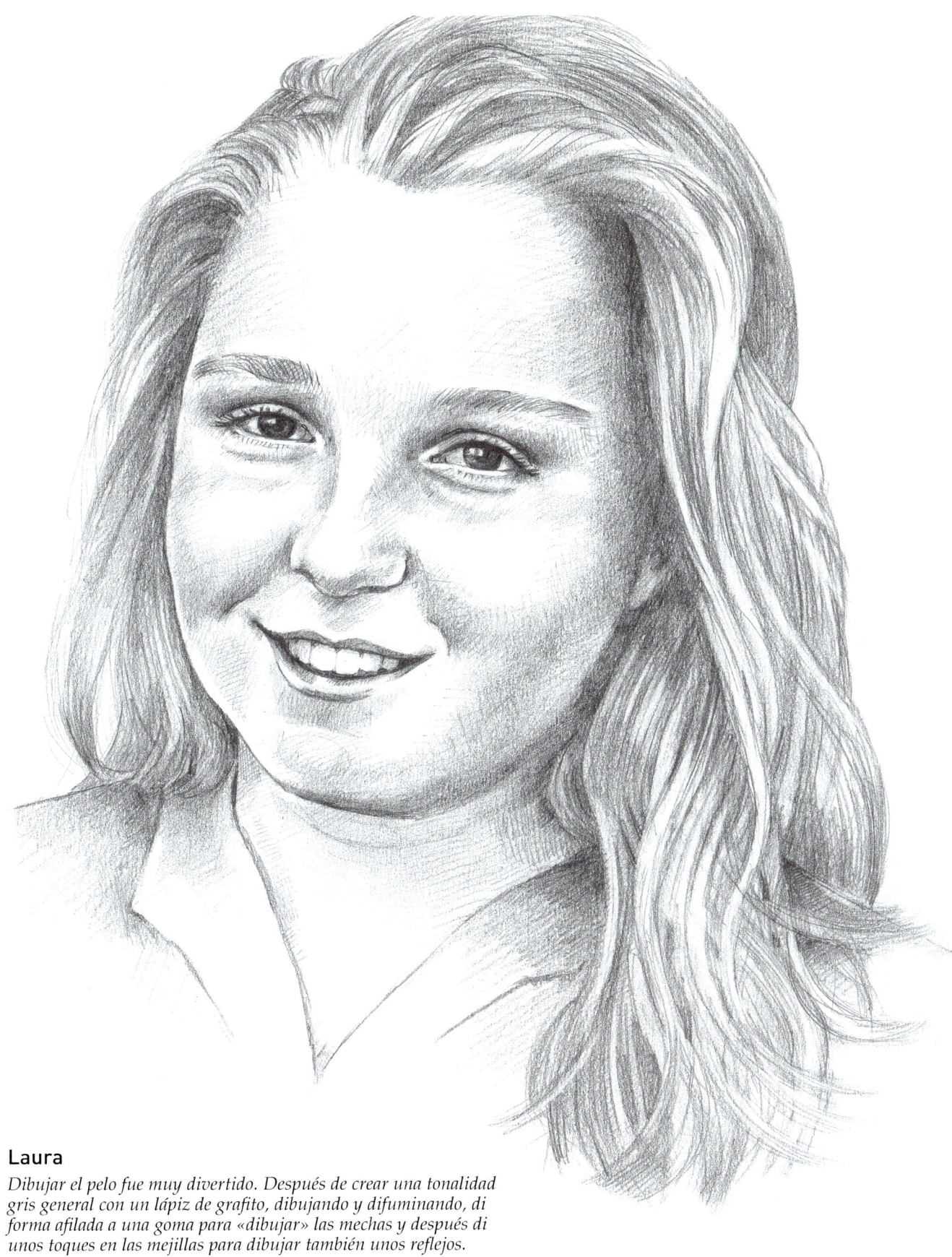

Laura

Dibujar el pelo fue muy divertido. Después de crear una tonalidad gris general con un lápiz de grafito, dibujando y difuminando, di forma afilada a una goma para «dibujar» las mechas y después di unos toques en las mejillas para dibujar también unos reflejos.

CARBONCILLO Y MEDIOS RELACIONADOS

Carboncillo de sauce Es un medio tradicional producido al quemar lentamente la madera para crear unas ramas puras y naturales. Disponibles en diferentes anchos a partir de 2 mm (¹⁄₁₆") y hasta 10 mm (³⁄₈"), se pueden reproducir líneas finas utilizando la punta de la barrita y con los laterales se pueden pintar líneas anchas. Se puede difuminar bien con el dedo, con un trapo o con un bastoncillo de algodón para crear gran variedad de tonos y los reflejos se pueden hacer con una goma afilada.

Carboncillo comprimido Es menos borroso que el carboncillo de sauce y está disponible en forma de barra o de lápiz, en una gran variedad de grados. Prefiero la forma de barra porque el color que consigo es de un negro intenso.

Lápices de carboncillo Con ellos se consigue una manera más limpia y práctica de utilizar el carbonillo. Están disponibles en gran variedad de grises y negros.

Lápices de carbono Se realizan mezclando carboncillo y grafito.

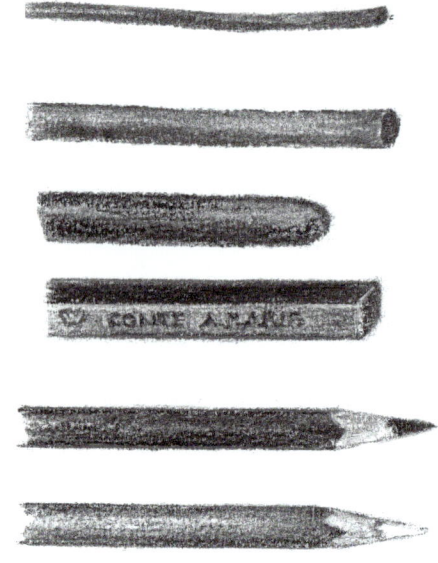

De arriba abajo: carboncillo de sauce de 2 mm (¹⁄₁₆"), carboncillo de sauce de 6 mm (¼"), carboncillo comprimido, lápiz de cera, lápiz de carboncillo y lápiz pastel blanco.

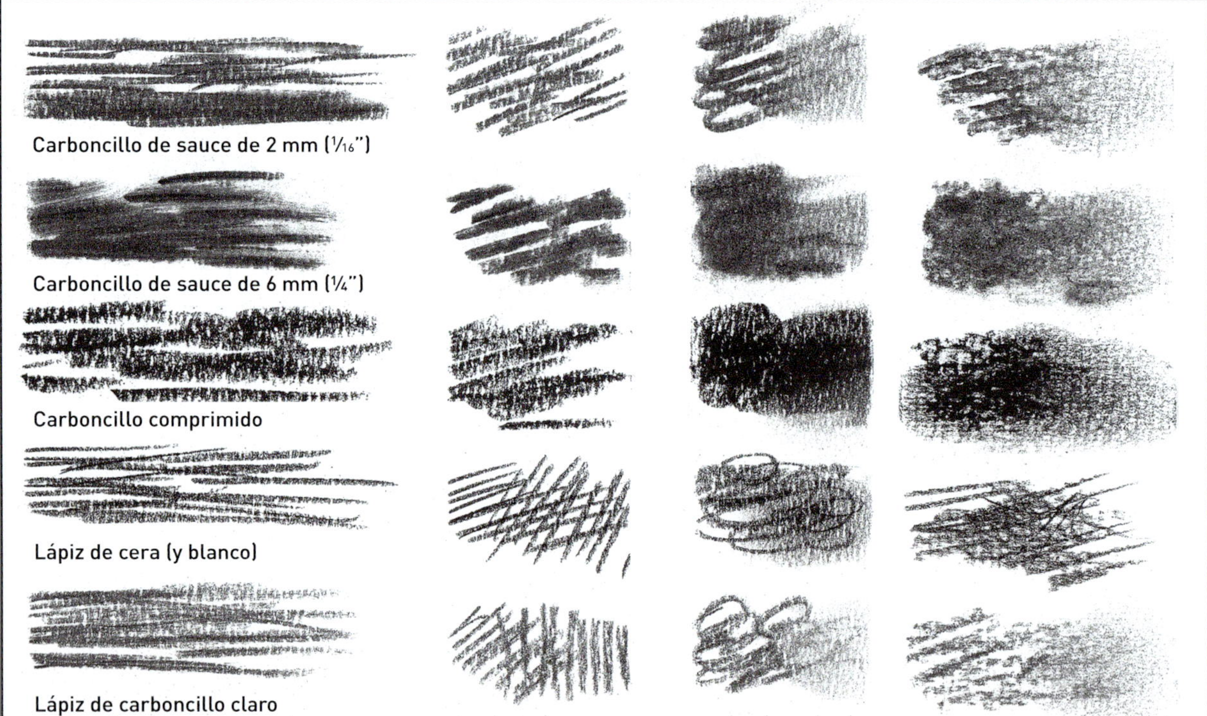

Carboncillo de sauce de 2 mm (¹⁄₁₆")

Carboncillo de sauce de 6 mm (¼")

Carboncillo comprimido

Lápiz de cera (y blanco)

Lápiz de carboncillo claro

Lápiz de carboncillo oscuro

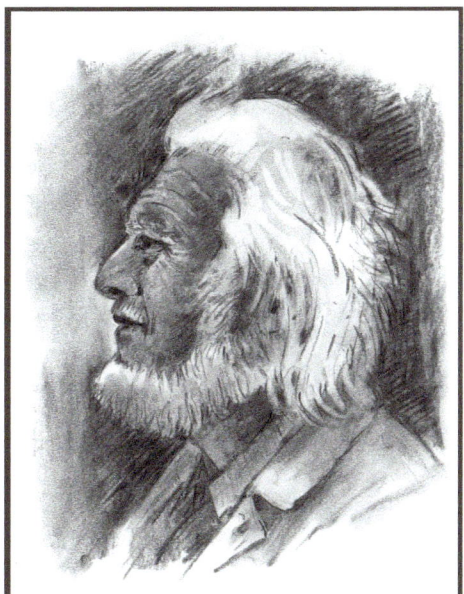

En la fiesta, Moncontour

Vi a este señor con su llamativo pelo blanco y barba a conjunto en una fiesta local. El carboncillo de sauce fue el medio ideal para dar vida a este esbozo de tonalidades. Utilicé una barrita fina para dibujar el perfil y después rellené el fondo y las zonas oscuras utilizando el lateral de la barrita, que difuminé con los dedos. Redefiní los detalles con la punta del carboncillo y utilicé la goma para crear las zonas blancas más grandes, añadiendo suficiente detalle pero sin recargarlo.

Consejo

Es buena idea levantarse y alejarse del trabajo cada 20 o 30 minutos. Así, no solo se activará tu circulación, sino que seguramente adoptarás una visión nueva de tu trabajo, verás algunos errores que no son obvios y te evitarás el tener que rehacer el dibujo más tarde.

Lápices de cera Hechos con cera, son más duros que el carboncillo y tienen forma de barritas. Si utilizas la punta podrás hacer líneas duras bien definidas y con los laterales marcas más gruesas. Se venden en multitud de colores. Gracias a las muchas tonalidades de color tierra —marrón, carne, etc. —, blanco y negro, son muy útiles para los retratos.

Lápiz pastel blanco Se puede utilizar para crear reflejos en papeles pastel tintados.

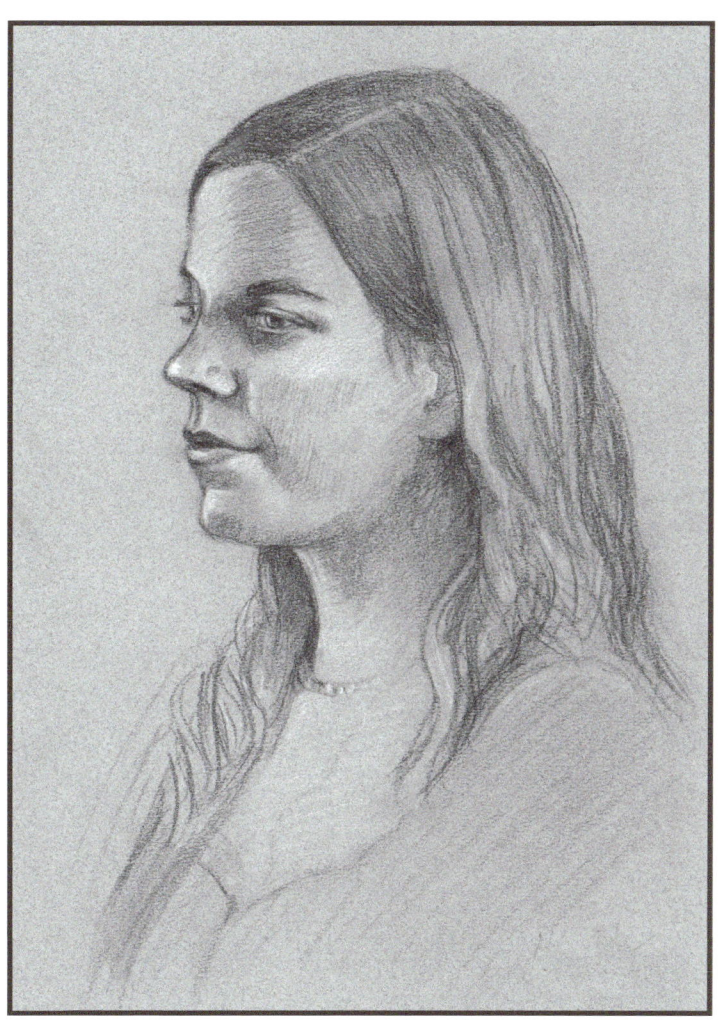

Hannah

He dibujado a Hannah mientras posaba para mí, trabajando con lápiz pastel sobre papel tintado. Como era prácticamente un perfil, solo podía ver parcialmente las pestañas y el reflejo del ojo que quedaba más lejos. Coloqué los rasgos rápidamente e hice los reflejos con un lápiz pastel blanco antes de empezar a hacer las sombras y permitir que el tono natural del papel le aportarse un tono medio al retrato, sobre todo al pelo.

ROTULADORES Y PLUMAS

Los bolígrafos, rotuladores y plumas dejan una marca limpia y permanente. Los tonos se crean gracias a unas líneas paralelas o perpendiculares, líneas curvas, puntos, espirales u otras marcas. Un papel de superficie lisa o media es el mejor para trabajar con este material. Al no poder borrar las marcas, da respeto trabajar con bolígrafo o pluma. Sin embargo, una marca deliberada, imborrable, puede crear dibujos más vivos y con mucha expresividad.

Pluma de tintero La punta de la pluma se fabrica en multitud de formas y tamaños que se adaptan a la escritura de la persona y se pueden utilizar con distintos tipos de tinta. La marca tiene personalidad y no es igual, ensanchándose cuando se aplica mayor presión sobre la punta.

Rotulador de punta de fibra (rotulador de punta fina) Son fáciles de usar y producen una línea de un ancho constante, de 0,2 a 0,7 mm, siendo muy apropiados para el trabajo de retratos. Pueden ser permanentes o solubles en agua.

Rotuladores técnicos (no se muestran en el dibujo) Son más caros que los rotuladores de punta fina y tienen una punta metálica. Producen una línea constante que varía dependiendo del tamaño de la punta. El de 0,1 mm es extremadamente fino, mientras que el de 0,9 mm es el más grueso que se produce. Tienen unos cartuchos recargables.

Rotuladores de pincel Tienen un pincel de nilón o fibra que recibe tinta constante del cartucho que lleva dentro. Permiten realizar una

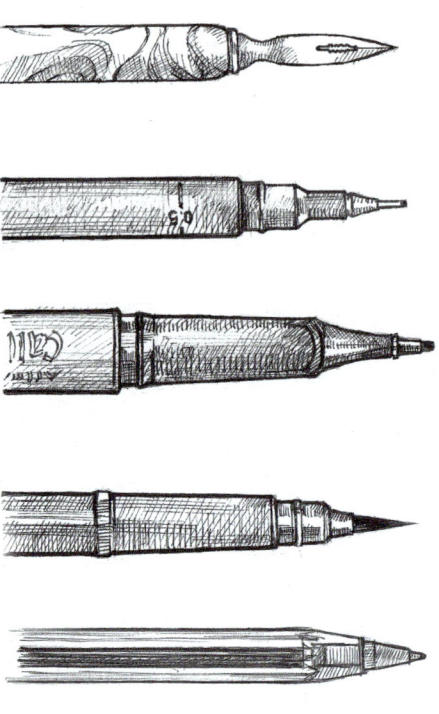

De abajo a arriba: pluma de tintero, rotulador de punta fina, rotulador grueso, rotulador pincel y bolígrafo.

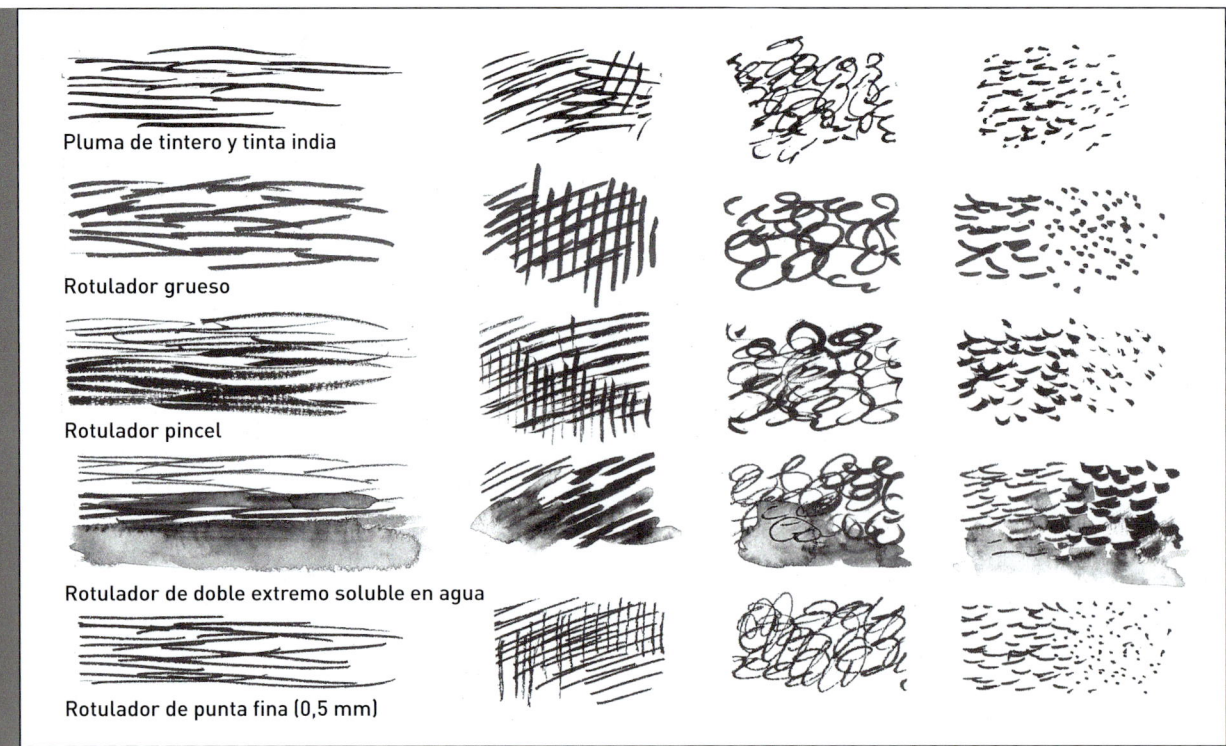

Pluma de tintero y tinta india

Rotulador grueso

Rotulador pincel

Rotulador de doble extremo soluble en agua

Rotulador de punta fina (0,5 mm)

amplia gama de marcas, desde finas hasta bastante gruesas.

Otros bolígrafos y rotuladores El bolígrafo, la pluma con cartucho o las plumas solubles en agua también son apropiados para los retratos, en función de nuestras preferencias personales.

El alfarero, Marrakech

Haciendo gala de su conocida hospitalidad, conocimos a este entrañable alfarero y a su familia en un viaje a Marruecos. Tracé unos esbozos y le hice unas cuantas fotografías que después utilicé para hacer este dibujo con pluma. Dibujé los rasgos principales con lápiz sobre una cartulina antes de empezar el dibujo con pluma de tintero y tinta india. Creé las tonalidades utilizando una gran variedad de marcas (puntos, rayas, rayas cruzadas y líneas rotas) sin realizar un recubrimiento completo. La máxima «menos es más» se aplica bien aquí. La pluma encaja bien con una cara con personalidad pero en cambio, para un retrato infantil me parecen unos trazos demasiado duros.

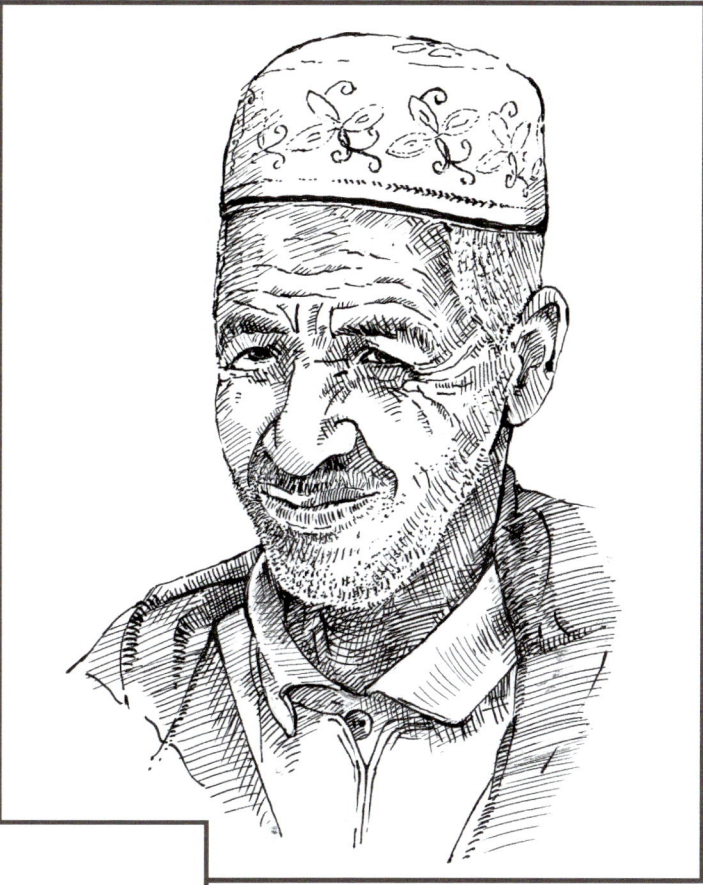

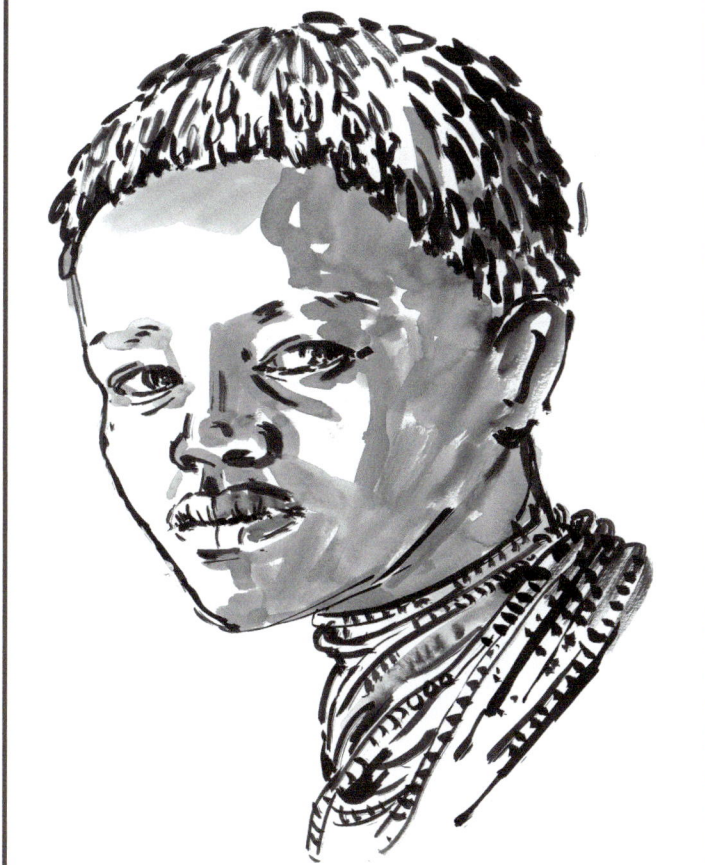

Niña africana

Con un rotulador pincel sobre una cartulina, dibujé este retrato sin ningún trabajo preliminar a lápiz. Planeé los rasgos y establecí su posición con una serie de puntos. Cuando ya estaba satisfecha con las proporciones, dibujé minuciosamente el retrato, prestando mucha atención a la fotografía de referencia, teniendo en cuenta las formas negativas y la estructura de la cabeza. Mientras la tinta seguía húmeda, añadí agua al pincel para difuminar algunos tonos intermedios. Este estudio lo realicé en unos 15 minutos.

SUPERFICIES

Existen muchos tipos distintos de papeles para dibujar. Sin duda, al final la elección se debe más a una preferencia personal.

Cartulinas Se venden en multitud de acabados y pesos. Para lápiz y carboncillo, el papel debe tener una textura con un poco de rugosidad. El peso se mide en gramos por metro cuadrado o en libras. Yo prefiero utilizar un papel de peso medio, de al menos 150 g/m2 (70 lb), apropiado para lápiz, carboncillo o pluma y, además, aguanta bien las acuarelas. Las superficies más rugosas aportan un efecto roto y, por consiguiente, no son indicadas para plumas y tinta, a menos que se desee esa textura.

Papel para pastel Aparte de estar disponible en gran cantidad de colores, estos papeles también tienen una superficie con textura. Algunos tienen un lado liso y un lado rugoso y la elección de la textura dependerá del tema. Para retratar la cara delicada de un niño yo me decantaría por el lado liso (véase *Rosie*, en las páginas 64-67), mientras que preferiría el lado más rugoso para retratar la personalidad de una persona más mayor (véase *Desafiante*, en la página 56). Un tono intermedio es muy apropiado para los retratos, de modo que, tanto los lápices pastel blancos como los de color negro contrastan bien con la superficie.

Papel para acuarelas Se trata de un papel para acuarelas semirrugoso (véase más abajo). La superficie puede utilizarse también para carboncillo y lápiz, aportando un aspecto granuloso a la superficie.

Papel para acuarelas (prensado en caliente) También conocido como HP o liso. Es adecuado para dibujos con lápiz o pluma.

Consejo

Antes de empezar a trabajar con papel para pastel, comprueba que estés utilizando el lado apropiado (liso o rugoso). A veces no es fácil tomar la elección hasta que se empieza a ver el tono. Ahora bien, entonces puede que ya lleves un buen rato dibujando por el «lado erróneo».

John

Este boceto a lápiz blanco y negro se hizo en el lado rugoso de un papel para pastel en tono gris mientras el modelo posaba al natural.

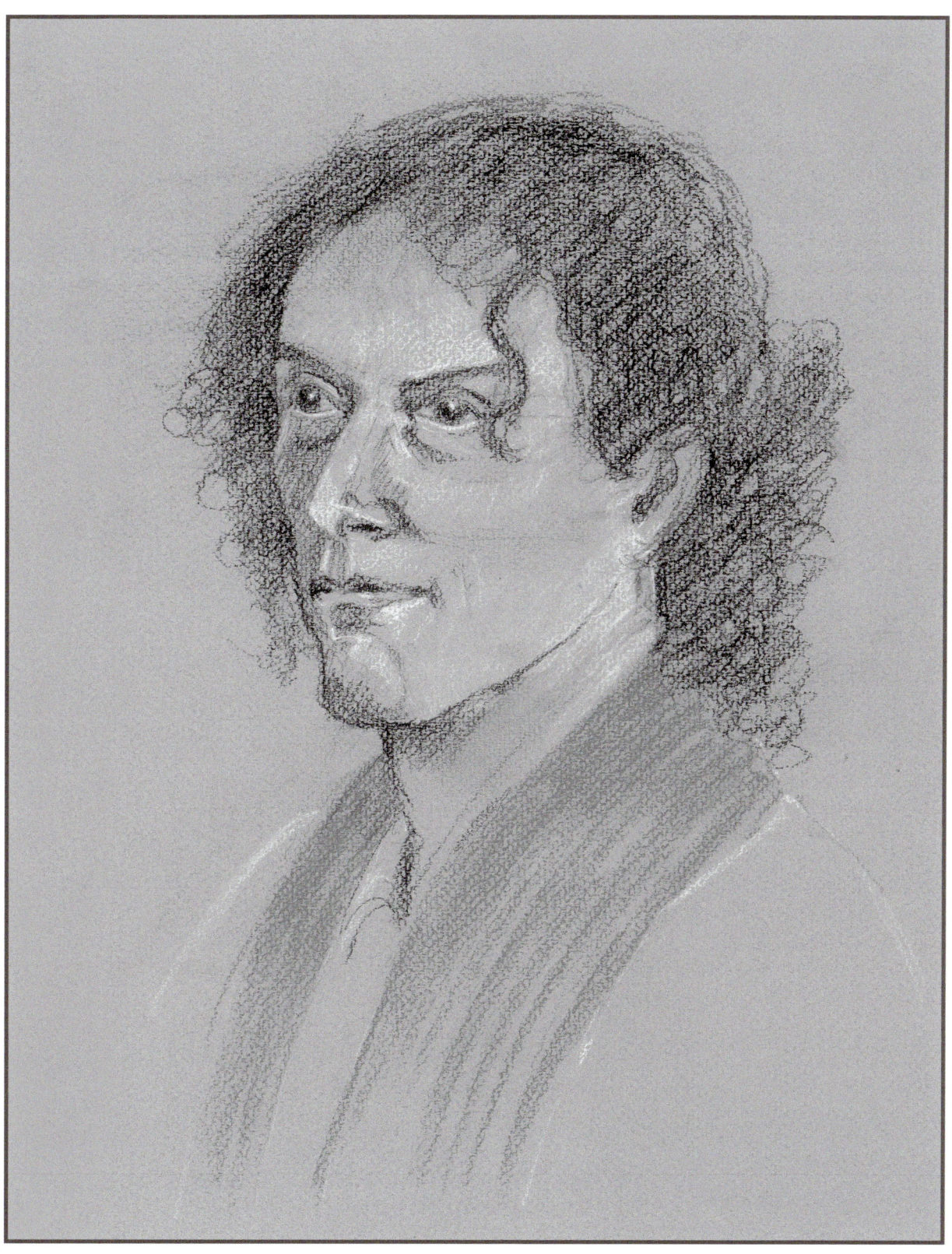

OTROS MATERIALES

Papel de calcar Se trata de un papel semitransparente para calcar fotografías en dibujos.

Papel carbón Es un tipo de papel que está impregnado con grafito en un lado y se utiliza para trazar una imagen.

Cámara La cámara fotográfica es muy útil para dejar constancia de los detalles de las poses. Mi cámara digital es de un valor incalculable cuando trabajo con encargos que requieren muchos detalles, sobre todo porque permite recuperar instantáneamente las imágenes.

Visor Se trata de un simple marco de cartón que es muy útil a la hora de determinar cuál va ser la composición, sea cual sea la temática. A menudo utilizo uno de 50 x 76 mm (2 x 3") como plantilla para esbozos pequeños.

Tablero de dibujo Una superficie firme sobre la cual apoyarse para dibujar es esencial. Levanta la parte superior del tablero para obtener una posición de trabajo cómoda o utilízala sobre un caballete.

Pinzas Una manera —y además, reutilizable— de fijar el papel al tablero son las pinzas o los clips. También son útiles para sujetar las páginas de los blocs de dibujo si se está dibujando al aire libre y hace viento.

Espray fijador Es útil para fijar el carboncillo o los pasteles, sin embargo, hay que aplicarlo con cuidado porque pueden quedar manchurrones.

Cinta de carrocero Fija el papel al tablero para evitar que se mueva mientras se trabaja.

Gomas

- Las gomas moldeables de borrar están hechas de un material blando y flexible. Se les puede dar forma para crear una punta que nos ayude a hacer reflejos borrando lápiz o carboncillo.

- Las gomas de plástico son más duras y sirven para borrar marcas más duraderas.

- Las gomas eléctricas son muy útiles para borrar pequeñas zonas hechas con lápiz y carboncillo. Por ejemplo, un pequeño reflejo de los ojos o mechas en el pelo, etc.

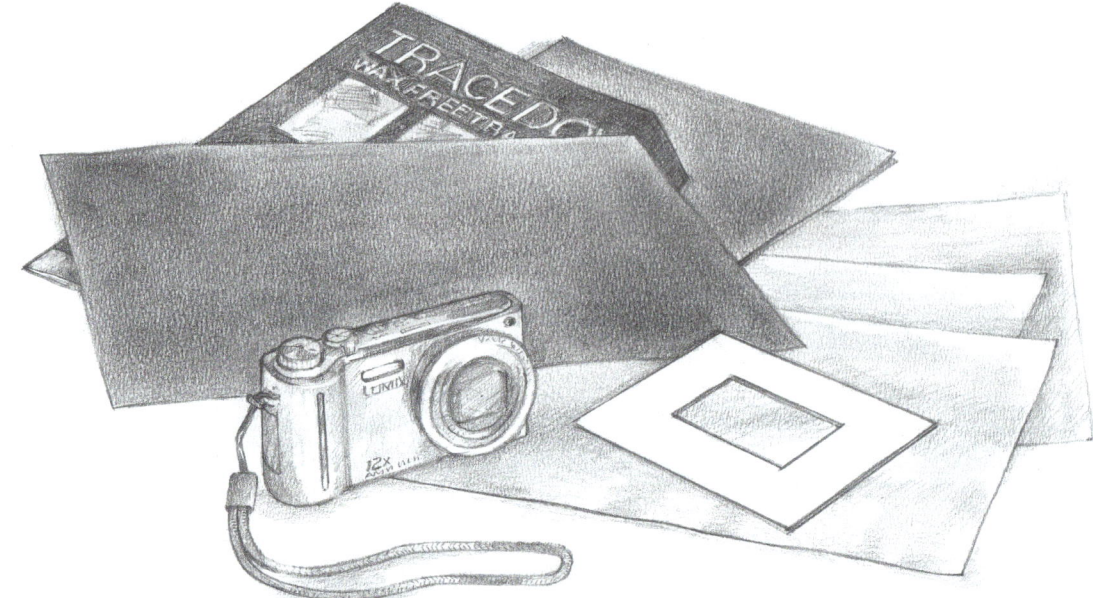

Difuminos o bastoncitos de algodón Los difuminos son unos bastoncitos de papel con una punta, disponibles en gran variedad de tamaños y que se utilizan para difuminar o mezclar los colores cuando se dibuje con pastel o carboncillo. Se pueden limpiar con lija. Los bastoncitos de algodón para los oídos también valen, aunque no son tan precisos.

Lija Muy útil para afilar los lápices o los pasteles sin tener que volverles a sacar punta. También se utilizan para limpiar los muñones.

Sacapuntas

- Un sacapuntas manual es una alternativa práctica y segura a utilizar un cuchillo para sacar punta a los lápices.

- El sacapuntas eléctrico nos puede ahorrar mucho tiempo y esfuerzo si trabajamos con muchos lápices. También funciona con variedad de diámetros de lápices.

Cúter A mi entender la mejor manera de afilar un lápiz para que tenga una punta larga y fina, pero no a todo el mundo le parece tan práctico ni seguro el utilizarlo.

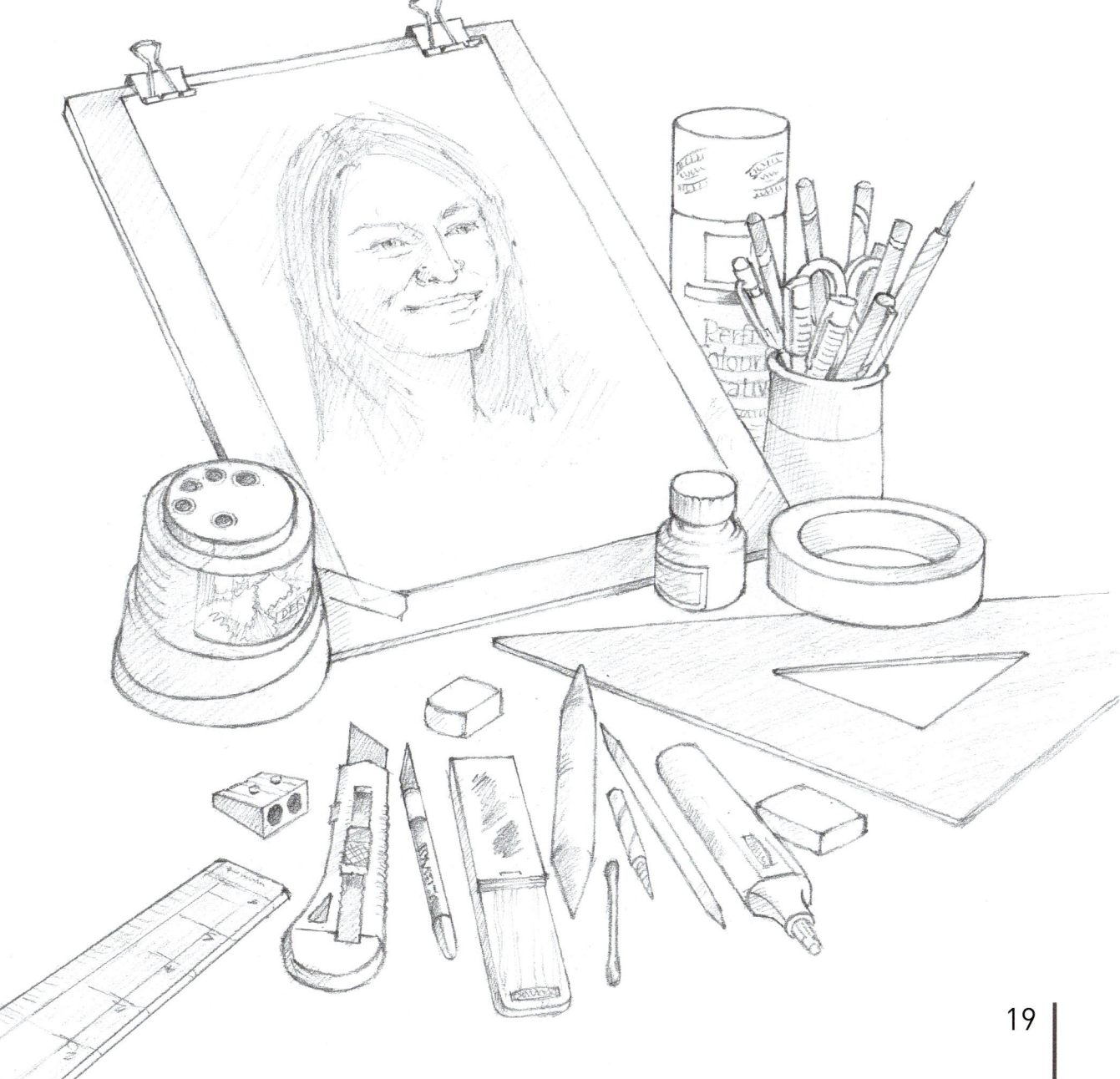

Técnicas de sombreado

El sombreado crea tonos y formas, logrando que una superficie de dos dimensiones parezca tridimensional. Normalmente se añade tras la fase de realización del contorno del retrato. Las líneas, marcas o zonas de sombreado deberían realizarse lenta y sistemáticamente para resaltar lo que ya se haya dibujado.

SOMBREADO CON RAYAS PARALELAS Y CRUZADAS

Mediante las rayas en paralelo se logra el sombreado. La cercanía o la distancia entre las líneas determinará el grado del tono. Pueden describir un pequeño detalle o cubrir toda una parte de la cabeza para armonizar con una zona mayor. Las líneas pueden aplicarse en cualquier dirección y pueden utilizarse para sugerir el contorno de un rasgo o plano en particular.

Las líneas cruzadas se añaden sobre las rayas paralelas, normalmente en un ángulo ligeramente diferente a las líneas iniciales (ver los ejemplos de abajo). Se pueden añadir varias capas, alternando el ángulo cada vez para crear una zona más oscura.

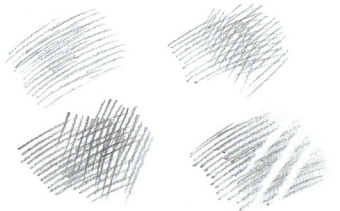

Ejemplos de sombreado y sombreado cruzado con lápices de grafito 2B (izquierda) y 4B (derecha).

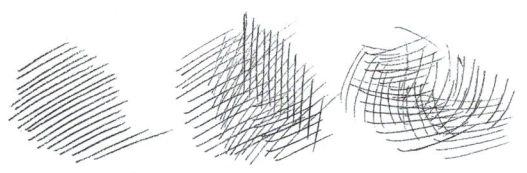

Ejemplos de sombreado, sombreado cruzado y curvado con pluma y tinta.

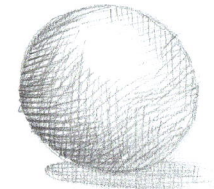

Un ejemplo de sombreado de un contorno: las líneas están curvadas para acentuar la forma del objeto.

PUNTEADO

Una serie de puntos o rayitas con pluma y tinta pueden crear textura y tono en zonas donde, de otro modo, se necesitaría una gran variedad de marcas.

DIFUMINADO

Difuminar un dibujo hecho con lápiz, con pastel o con carboncillo es una manera efectiva de dar tonalidad a una gran superficie. Se puede utilizar un trapo, un pañuelo de papel, el dedo o un muñón. Los reflejos se pueden acentuar o borrar de un fondo oscuro con una goma de punta o una goma eléctrica.

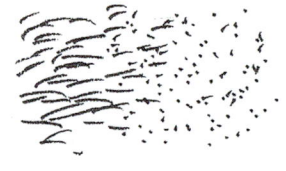

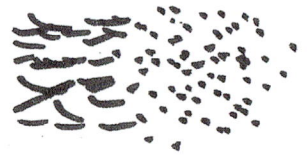

Ejemplos de punteado: Hay que fijarse en cómo los puntos más juntos nos permiten crear unos tonos más oscuros y así sugerir la forma.

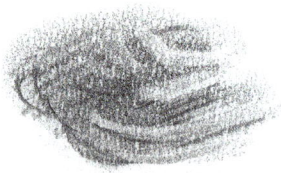

Ejemplos de marcas y difuminado con barritas de carboncillo de 2 mm (1⁄16") y 4 mm (1⁄8"), arriba y abajo respectivamente: Las marcas más suaves se borraron un poco con una goma moldeable.

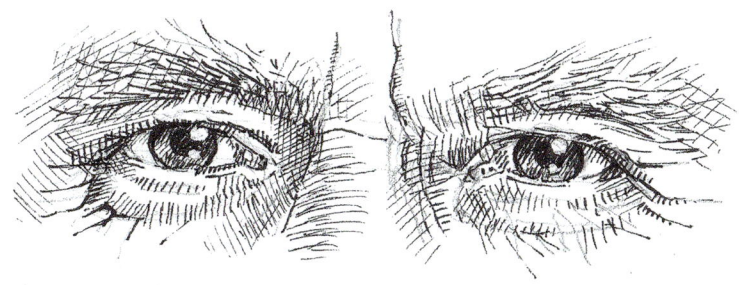

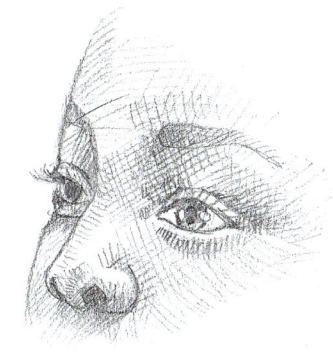

El sombreado con rayas paralelas y rayas cruzadas con un rotulador de punta fina crea unas expresiones duras, reflejando la edad de un señor mayor. Las líneas van en gran variedad de direcciones, sugiriendo una piel marcada por las condiciones climáticas.

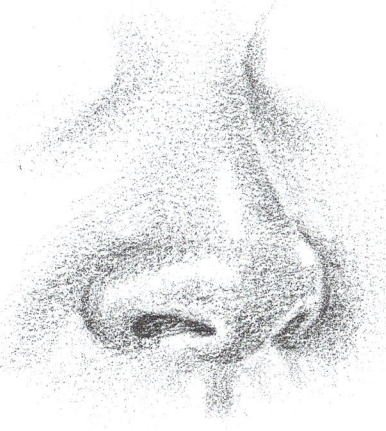

Las líneas más suaves del sombreado que van en la misma dirección se hicieron con lápiz de grafito para dar la apariencia de una chica joven.

Consejo

Se pueden utilizar muchas otras marcas para lograr un sombreado. La elección para interpretar una textura o una superficie concreta dependerá del tipo de retrato. Sin duda, con la práctica irás desarrollando tu propia intuición.

El suave sombreado de este bebé se logró con un lápiz opacador para enfatizar la naturaleza tan delicada de nuestro modelo.

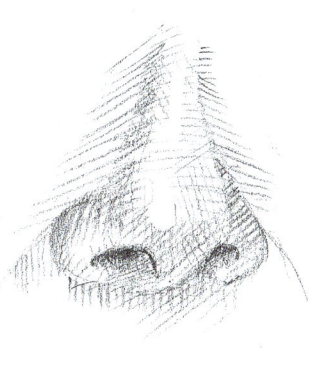

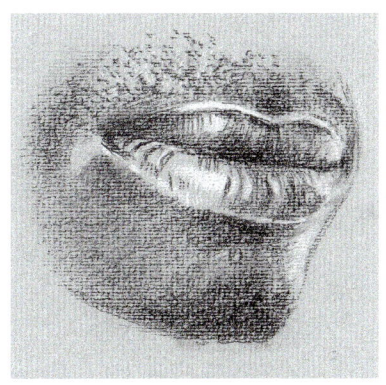

Este suave efecto de sombra se hizo con una barra de grafito. Los reflejos que tanto definen la forma se consiguieron con una goma de borrar.

Después de dibujar a grandes rasgos la forma de la nariz con un lápiz 2B, creé la sombra con líneas paralelas y líneas cruzadas en diferentes direcciones para lograr un efecto tridimensional.

Los lápices pasteles en blanco y negro se utilizaron en este estudio sobre un papel de color gris. Después de establecer la forma de la boca, añadí los reflejos con un lápiz blanco antes de volver a la tonalidad negra y añadir profundidad, y todo con un punteado sobre el labio superior realizado con la punta del lápiz.

Estructura

Pese a lo bien dibujados que estén cada uno de los rasgos individualmente, no podremos conseguir nada sin entender toda la estructura y el sostén de la cabeza. Los rasgos son solo una parte de este soporte vital. Si un árbol o una fruta se dibuja un poco mal, ¿tiene mucha importancia? No, porque comprendemos a qué hace referencia. Sin embargo, el más pequeño error en un retrato —un ojo demasiado grande, la nariz demasiado pequeña, etc. — cambiará el aspecto por completo.

EL CRÁNEO

Si puedes estudiar y dibujar el cráneo, entenderás mejor cómo dibujar un retrato. Es fácil enfrascarse en el dibujo de los rasgos de la superficie para conseguir similitud, así que a veces nos olvidamos de lo que hay debajo del rostro.

La forma de la cara y los rasgos dependen en gran parte de la forma del cráneo y los huesos interiores; conocer y familiarizarse con la estructura nos impulsará a crear mejores retratos. Debido a que el cráneo está recubierto por un tejido y unos músculos relativamente finos, los rasgos faciales quedan dictados por la forma de los orificios oculares, la escotadura supra orbitaria, los huesos cigomáticos, la mandíbula y los dientes.

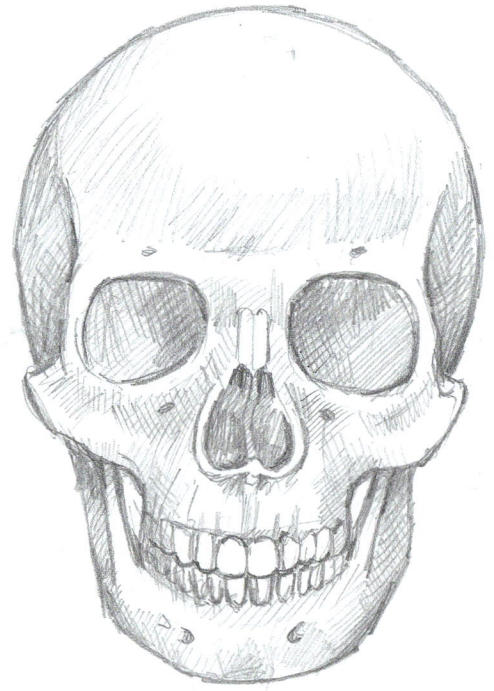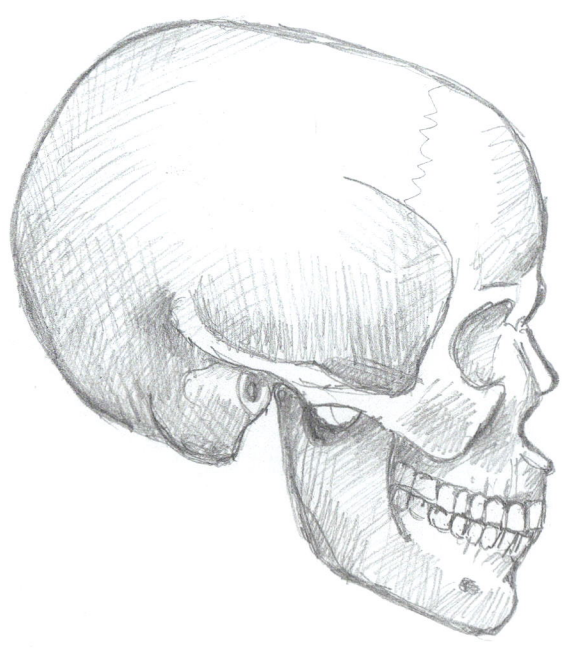

Visto de frente, el cráneo tiene una forma prácticamente ovoide (izquierda) y forma de «D», de perfil (derecha). Si estudiamos su estructura ósea, ya sea a partir de un cráneo real o de un buen modelo, podremos entender mejor cómo dibujar un retrato. Además de los agujeros oculares, que dan profundidad a las cejas y forman los pómulos, los dientes dictan la forma de la boca. También se puede ver un cambio de dirección marcado desde las cejas hasta la sien y el lateral de la cabeza.

FORMA DE CAJAS

La manera habitual para empezar a dibujar una cabeza —sobre todo si se dibuja de frente—, es hacer un esbozo de una forma ovalada, pero tras observar el cráneo podemos ver que la testa, vista desde tres cuartos, también tiene una estructura de caja, con una parte frontal, dos lados y una parte superior.

Contemplar la cabeza como un cubo nos ayuda a ver el giro de plano de la frente a la sien, del pómulo al lateral de la cara y en consecuencia, a dibujar la testa con perspectiva. Cada uno de los ejemplos que exponemos a continuación ilustran cómo la cabeza puede abstraerse para tener forma de caja. Eso nos puede ayudar a dibujarla con precisión.

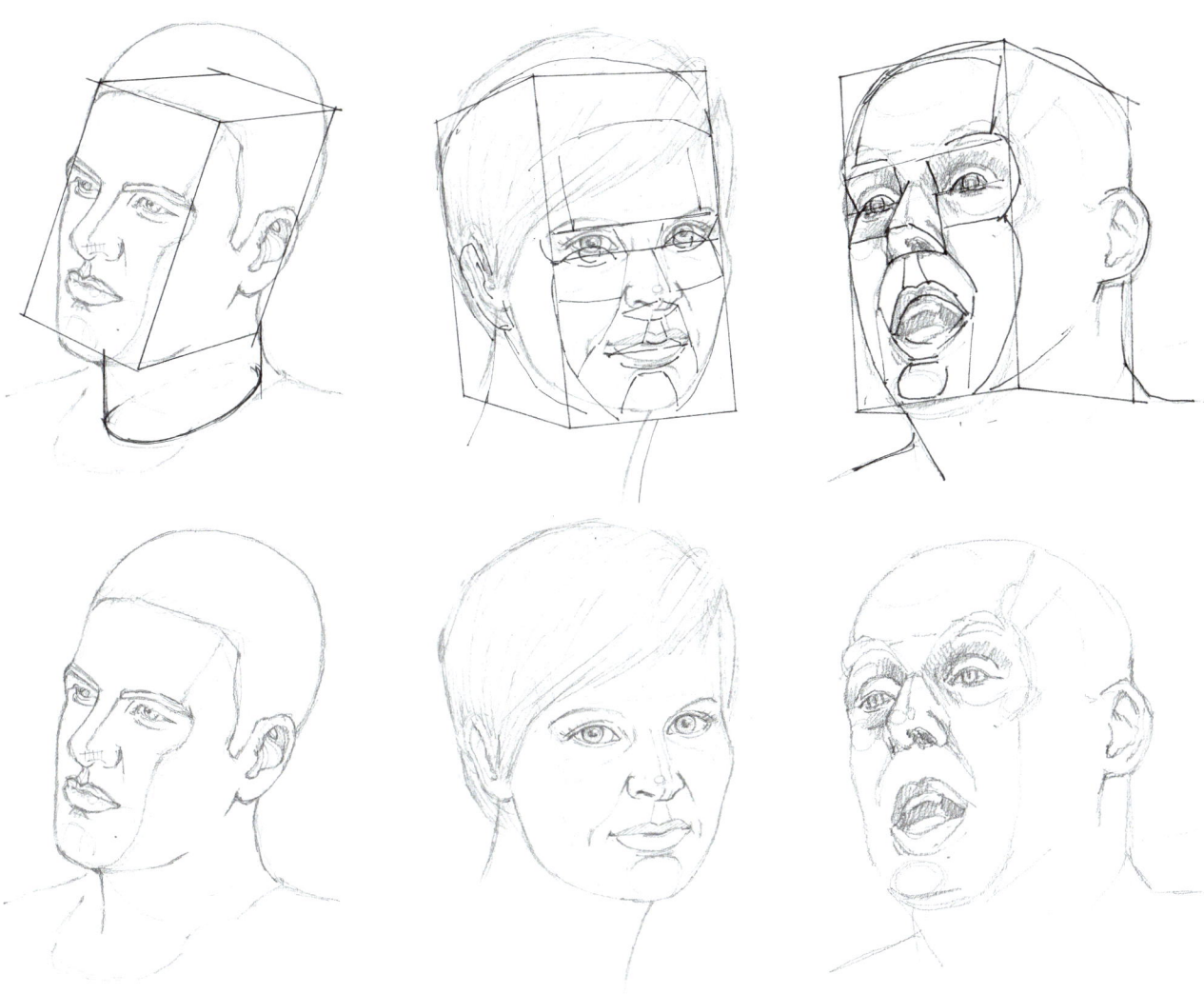

La cabeza y el cuello quedan simplificadas en un cubo y un tubo en este ejemplo. Observa lo importante que es el ángulo de la cabeza para captar la pose.

Los cubos nos ofrecen una base muy útil para dibujar cada uno de los esbozos de los retratos. Una vez ya se tiene clara la estructura, es más fácil dibujar los rasgos con unas figuras geométricas básicas antes de desarrollar el retrato final.

PLANOS DE LA CABEZA

Muchas zonas de la cara pueden simplificarse en planos lisos. La
frente y las sienes, los laterales de la cara y la nariz, el labio superior
y la barbilla son buenos ejemplos. En contraste, zonas como los
labios y los orificios nasales tienen formas más redondeadas.

   La forma y el ángulo de los planos lisos pueden asistirnos en
el análisis de la forma de la cabeza y en la definición de dónde
deben colocarse las sombras y los reflejos. Todos estos elementos
contribuyen a conseguir similitud.

*En estos dibujos he enfatizado las
líneas de expresión que muestran
el cambio de ángulo de la superficie
de la cara. Aunque nuestra idea no
sea conseguir un realismo absoluto,
interpretar así la cabeza es una
manera que nos simplifica la cara y
nos ayuda a analizar la estructura
general de la testa.*

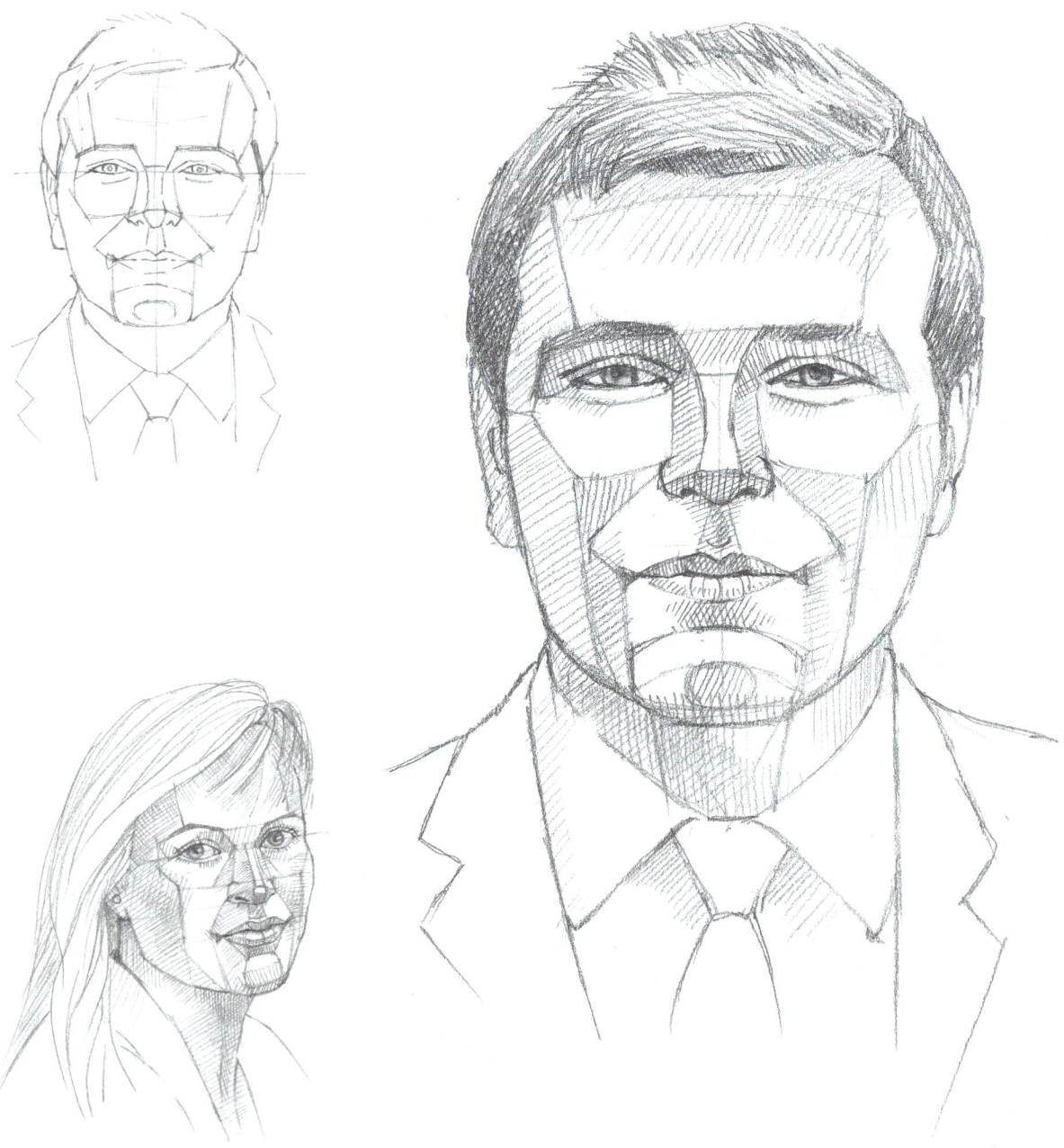

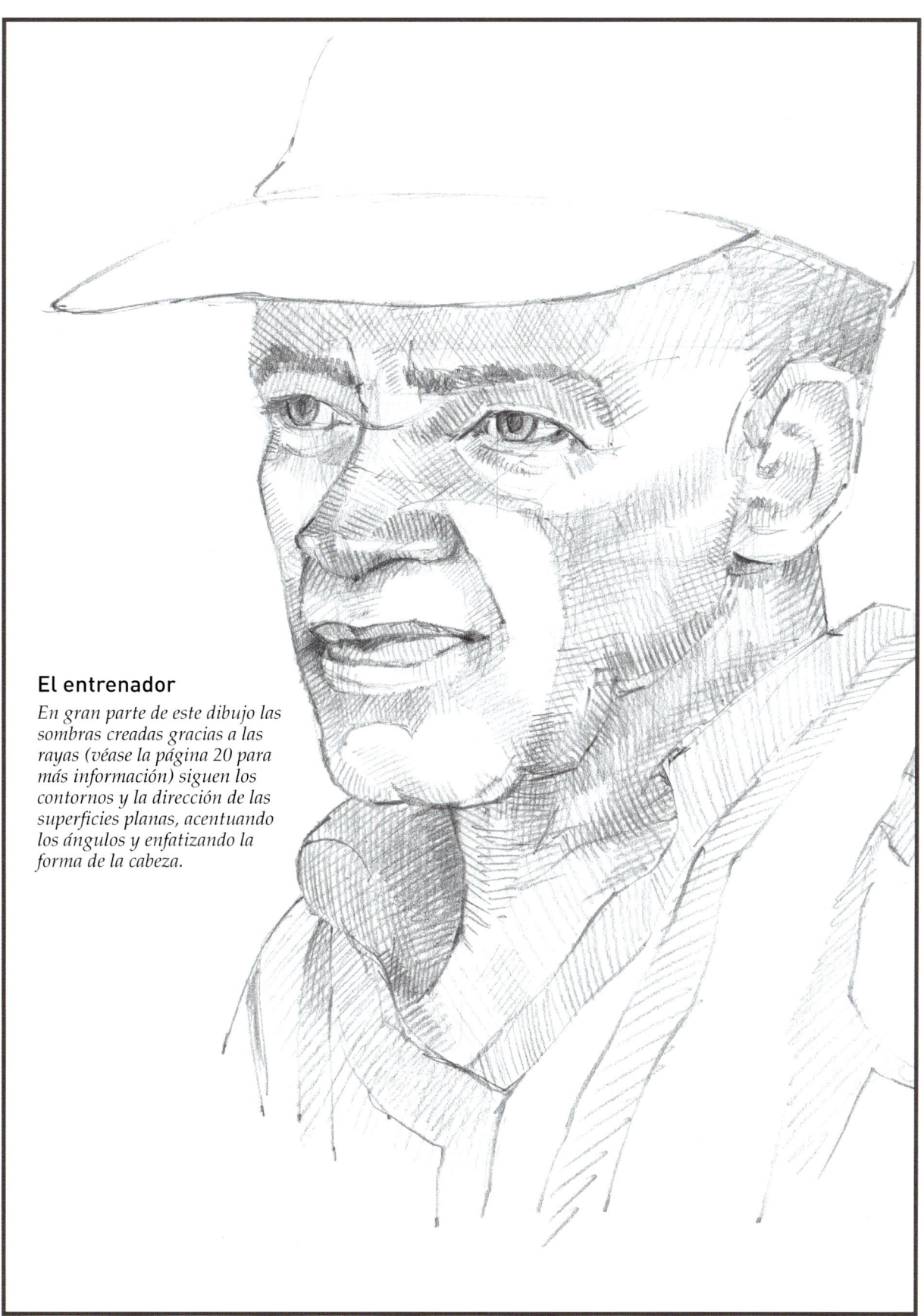

El entrenador

En gran parte de este dibujo las sombras creadas gracias a las rayas (véase la página 20 para más información) siguen los contornos y la dirección de las superficies planas, acentuando los ángulos y enfatizando la forma de la cabeza.

Proporciones

Podemos observar a alguien y decidir que tiene una cara larga, unos pómulos marcados, unos ojos grandes, una barbilla prominente o una nariz ancha. Las caras varían mucho dependiendo de las diferencias genéticas y los orígenes étnicos. Sin embargo, hay unas orientaciones generales en las proporciones faciales que asisten al retratista para colocar los rasgos. Conviene tener en cuenta que los rasgos ocupan una parte relativamente pequeña de la cabeza.

PROPORCIONES DE LA CABEZA ADULTA

- Desde un ángulo frontal, la línea del ojo está a medio camino entre la parte superior del cráneo y la base de la barbilla.

- El ancho entre los ojos es igual al ancho del ojo, rasgando un poco el lagrimal en la esquina.

- El ancho del ojo es igual a la distancia entre el extremo exterior del ojo y el lateral de la cabeza.

- El ancho de la nariz suele ser el mismo que la distancia entre los ojos.

- La boca normalmente no es más ancha que la distancia entre las pupilas.

- Las orejas suelen alinearse por el extremo exterior de la ceja y la base de la nariz.

- De perfil, la profundidad de la cabeza es igual a su ancho.

La cabeza femenina es más pequeña que la cabeza masculina, pero las proporciones se aplican igual.

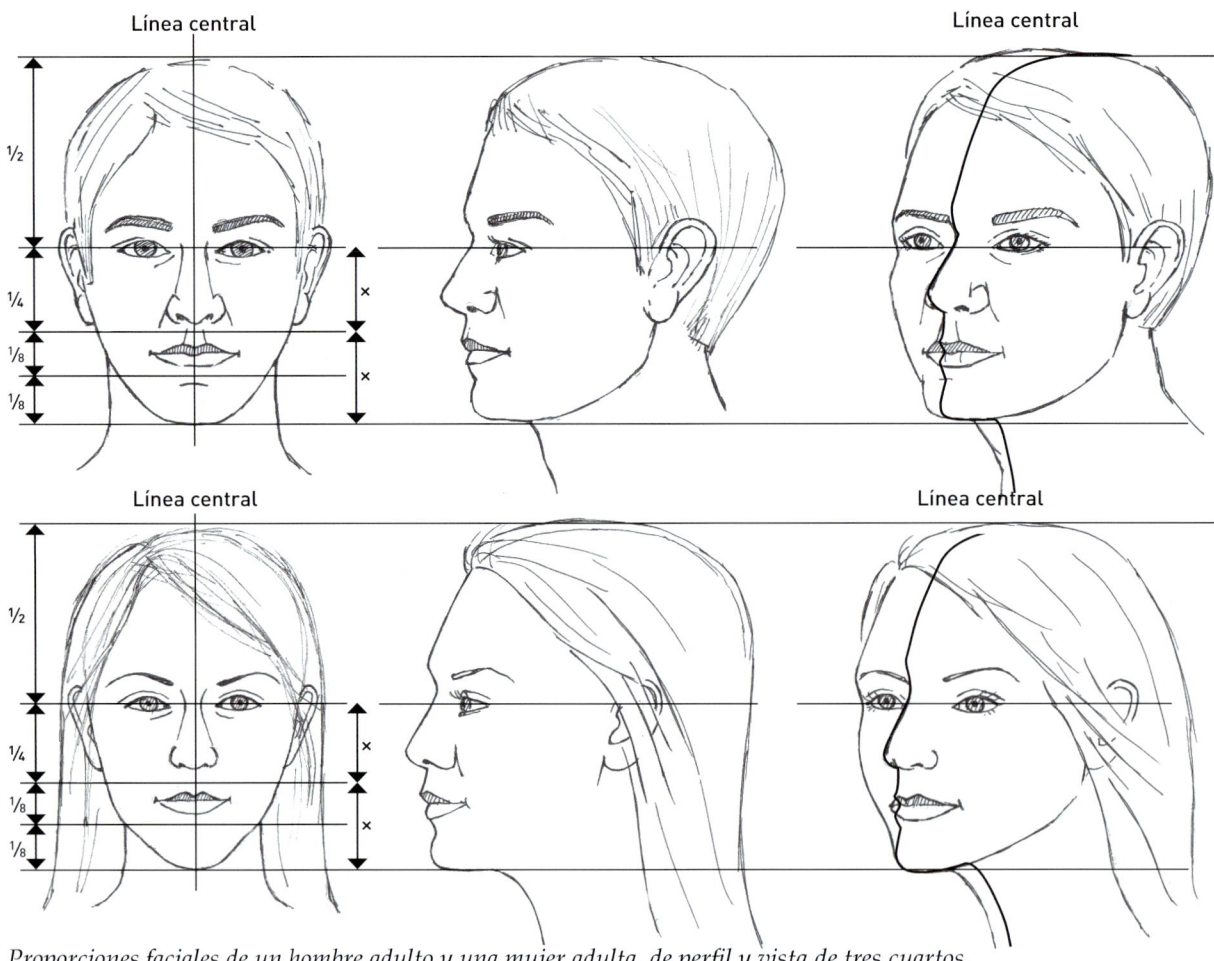

Proporciones faciales de un hombre adulto y una mujer adulta, de perfil y vista de tres cuartos.

PROPORCIONES ADULTAS

Brian

Este estudio con lápiz de grafito 4B muestra al modelo de frente. Su cara es bastante redonda y rellena. Los pómulos no están muy marcados pero los reflejos indican el cambio de plano de la parte frontal al lateral de la cabeza.

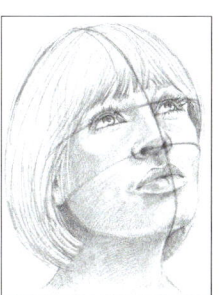

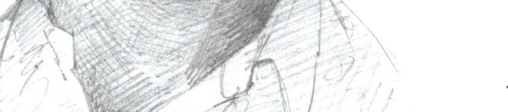

John

En contraste con la imagen de la izquierda, la estructura ósea subyacente de este hombre es bastante obvia.

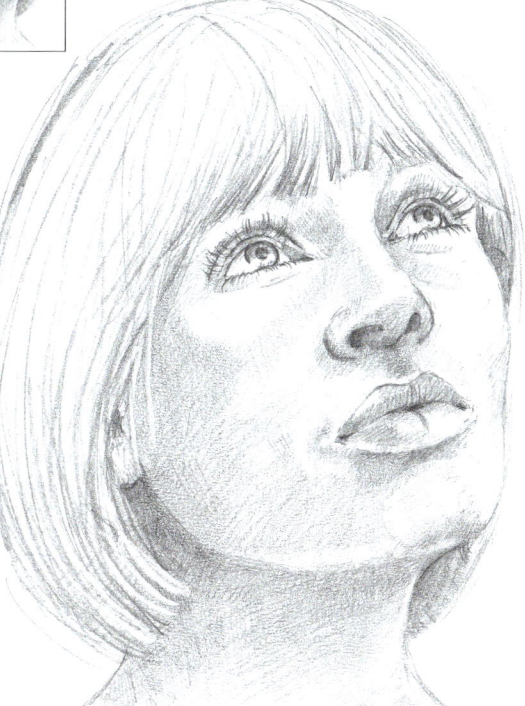

Mirando hacia arriba

La línea del ojo tiene una forma bastante marcada aquí y en esta visión angular es fácil dibujar la nariz y la boca sin estar alineadas. Añadir un eje vertical (véase el dibujo superior) nos ayudará a alinear bien todos los rasgos.

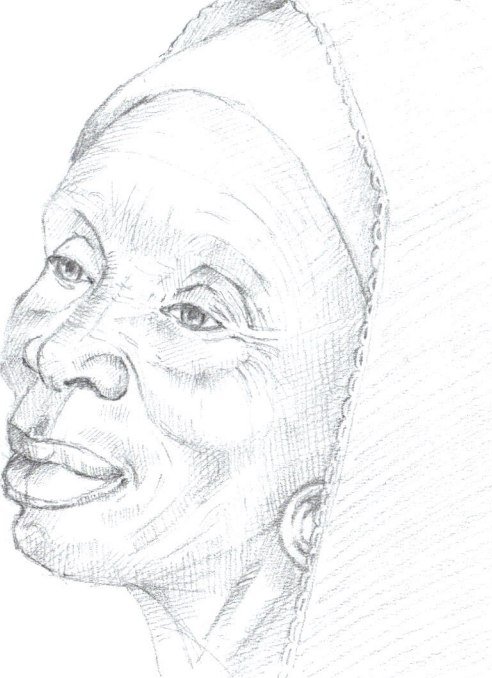

Señora mayor gambiana

Este ángulo de tres cuartos con unos pómulos bien definidos, unos ojos bastante hundidos y unos labios grandes y rellenos, conforma un retrato interesante, aunque complejo.

PROPORCIONES DE LA CABEZA DE UN NIÑO

En comparación con la de un adulto, hay que tener en cuenta los siguientes puntos:

- La línea del ojo está por debajo de la mitad de la cabeza, al ser el cráneo mucho mayor que el de los adultos.
- Los ojos están más separados entre sí.
- La nariz, la boca, los huesos de la mandíbula y los dientes son mucho más pequeños.

Es importante captar sutilmente estas proporciones cambiantes de acuerdo con la edad del niño.

- No hay ninguna línea muy marcada.
- Las cejas a veces son casi imperceptibles.
- El pelo es muy fino.

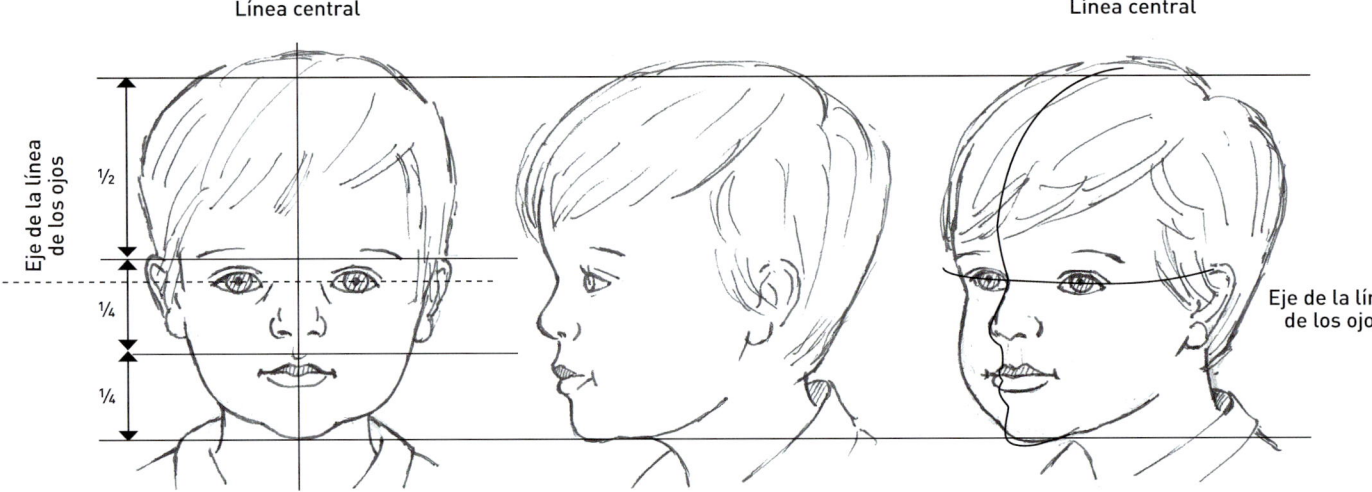

Proporciones faciales de un niño de dos años de frente, de perfil y de tres cuartos. La cabeza es aproximadamente la mitad del tamaño de la de un adulta.

(al lado, en sentido a las agujas del reloj, de arriba abajo)

Niña (ocho años)

Este ángulo supone importantes retos, pero utilizando el sistema de triángulo ojos/nariz (véase en la página 42) simplifica el proceso. Las trencitas requirieron un dibujo preciso y aumentaron el volumen de la cabeza.

Niño (seis años)

Este joven peruano mira hacia arriba, a la cámara. Tiene unos grandes ojos y desde este ángulo parecen asimétricos.

Niña (doce años)

Las proporciones faciales todavía se están desarrollando a esta edad. Todavía distan mucho de las de un adulto y son infantiles.

Niño (ocho años)

Aunque los rasgos están cambiando y las cejas son más notables, todavía tiene aspecto de niño.

Bebé (nueve meses)

Grandes ojos, naricita, boquita y una frente ancha son los rasgos típicos de un bebé.

PROPORCIONES DE UN NIÑO

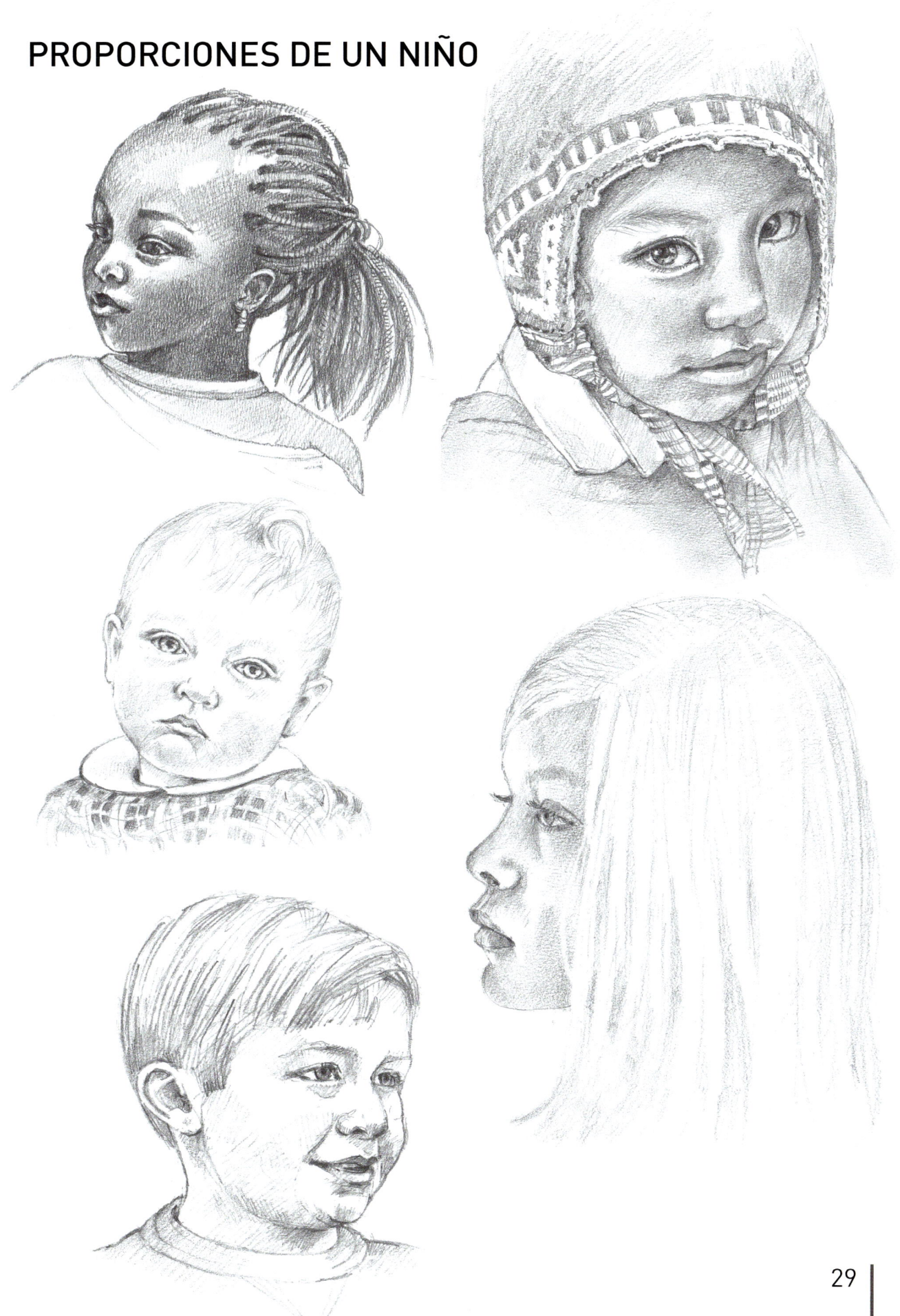

DIFERENTES PROPORCIONES

La edad, el género, la etnia y las variantes naturales añaden diferencias en la apariencia de la gente. Los dibujos de estas páginas ilustran caras de todo el mundo, demostrando las variaciones en las proporciones. Pese a las diferencias, todos encajan en las orientaciones generales de la página 26.

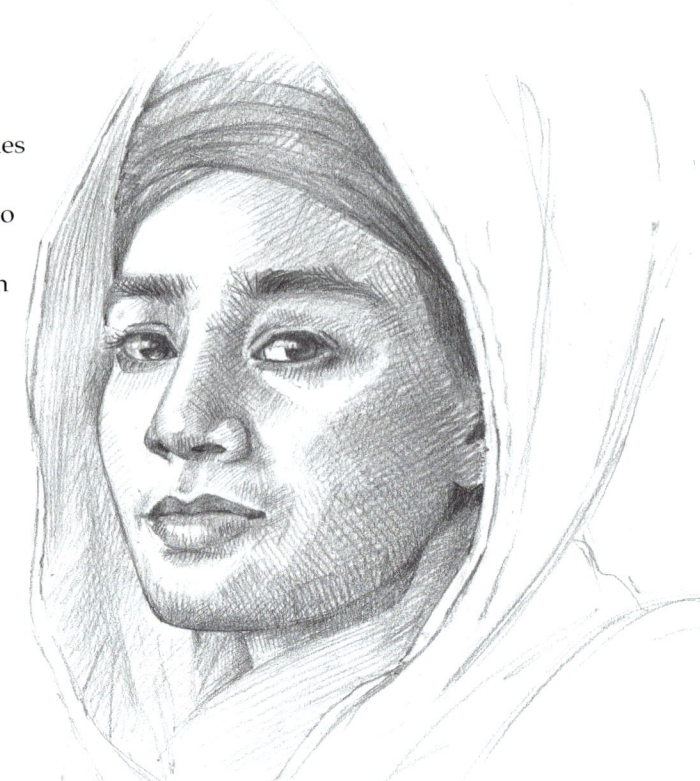

Mujer india

Esta joven emana valentía con una larga y ancha nariz y unas cejas pobladas. El pañuelo enmarca su cara, que contrasta con su tono de piel, cosa que he logrado gracias al sombreado con líneas paralelas y cruzadas realizado a lápiz.

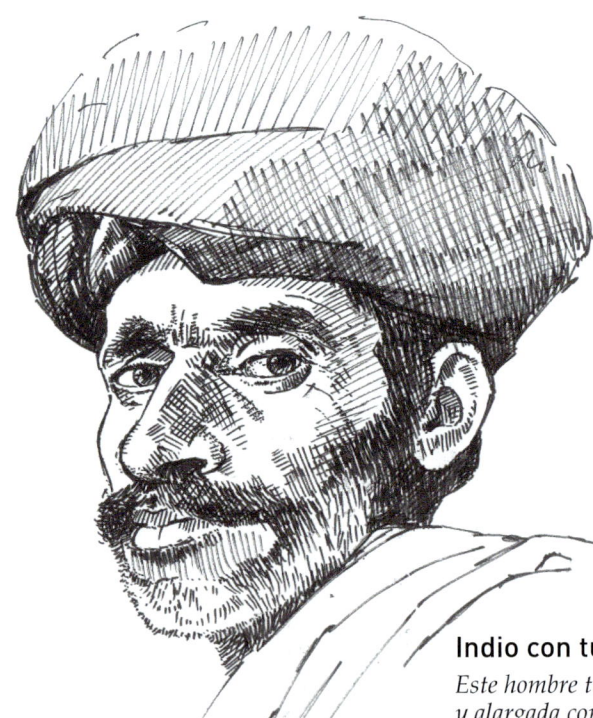

Indio con turbante

Este hombre tiene una cara estrecha y alargada con unos pómulos muy pronunciados, unos ojos profundos y unas cejas pobladas. Su mirada inexpresiva es bastante desconcertante pero produce un retrato intrigante.

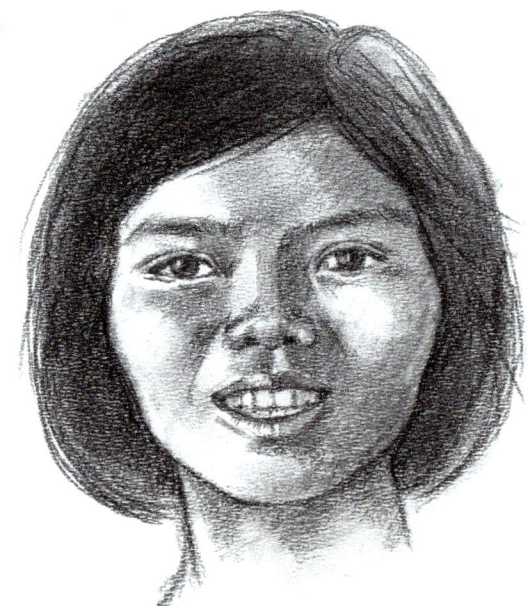

Mujer oriental

En este estudio sus anchos ojos se inclinan hacia abajo en el extremo para marcar el lagrimal. El puente de la nariz es ancho mientras que los pópulos son bastante marcados, dando una apariencia bastante chafada a la cara, bastante típica de esa región del mundo.

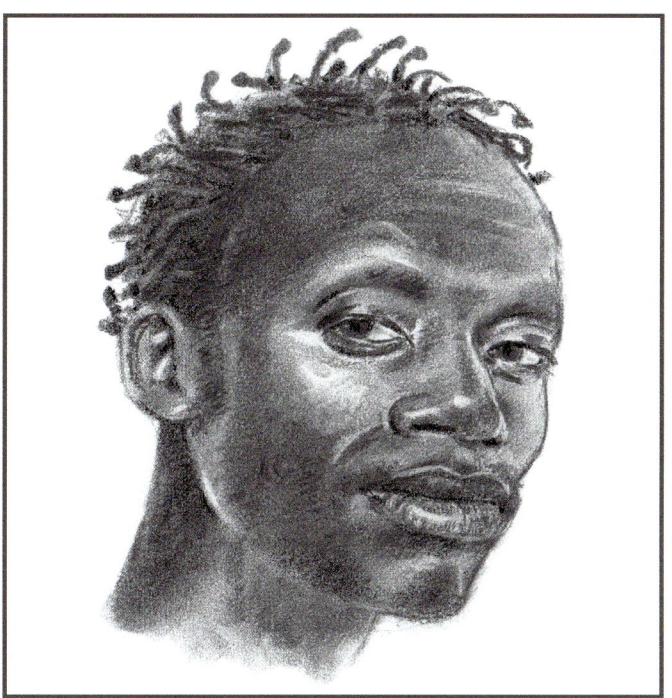

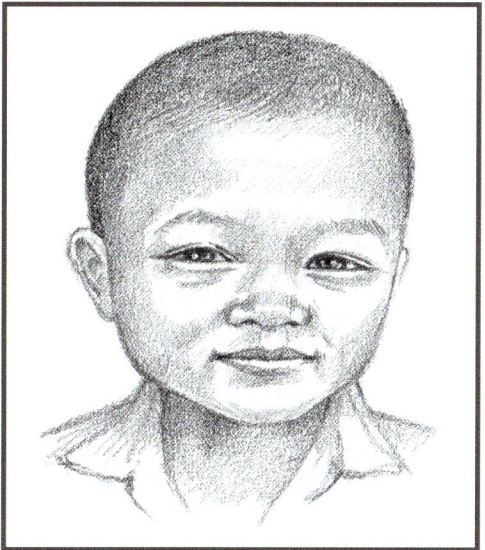

Niño camboyano

No sé exactamente la edad de este niño pero sus rasgos son los típicos de una persona de poca edad, con la línea del ojo por debajo del punto de mitad de la cabeza. Los ojos son anchos y con forma almendrada mientras que la nariz es bastante ancha.

Hombre africano

Además de tener una preciosa piel oscura con muchos reflejos muy interesantes, tiene fuertes cejas y grandes párpados, una nariz ancha y plana y unos labios muy rellenos. La oreja, en comparación, es sorprendentemente pequeña y el pelo es muy llamativo.

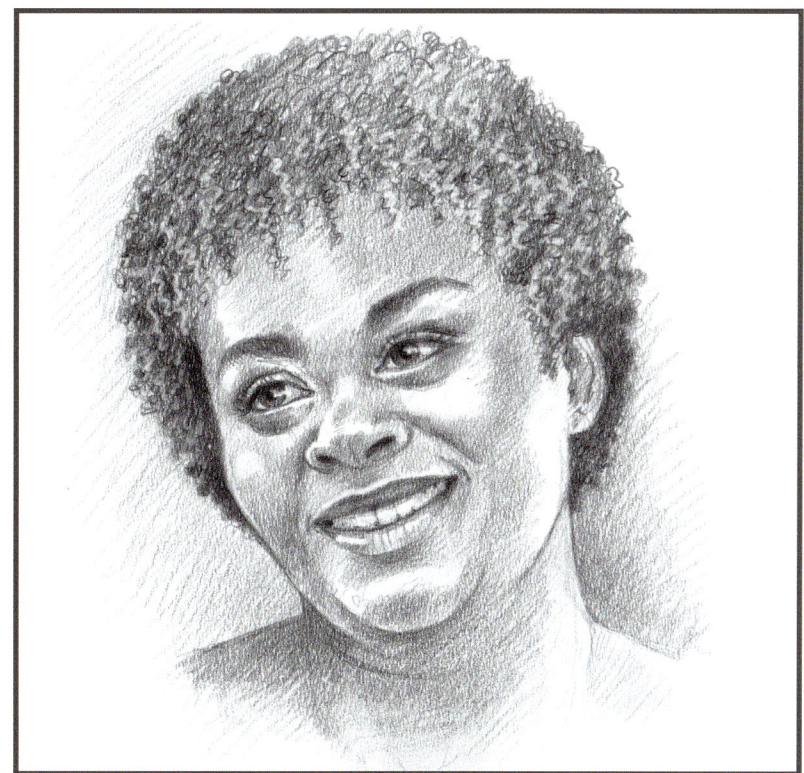

Mujer afroamericana

Aquí podemos ver a una mujer con una nariz corta de orificios nasales anchos y unos pómulos bastante altos. A diferencia de las mujeres africanas, sus labios no son tan gruesos, aunque su pelo es muy rizado, característico de su raza.

Rasgos

Hacer retratos puede ser un procedimiento muy complicado y a menudo se percibe como una de las disciplinas más exigentes del dibujo. Los abundantes elementos separados que contribuyen a su semejanza varían dependiendo de la edad, el género y la etnia.

En esta sección examinamos con detalle la estructura y las características de los ojos, la nariz, la boca y las orejas de diferentes grupos de edades y orígenes étnicos. Si practicas el dibujo de los rasgos individuales, al final acabarás haciendo retratos más fidedignos.

OJOS Y CEJAS

A menudo se dice que los ojos son la ventana del alma y es que quizás sean el rasgo más expresivo, por lo tanto, es muy importante acertar en la posición y en la forma. Como órganos que son, todos los ojos son similares aparte de diferencias en el color y en el iris. Ahora bien, son la forma, el párpado y las pestañas los que marcan la diferencia. Los cambios de forma y simetría dependen de la visión y de hacia dónde miran los ojos.

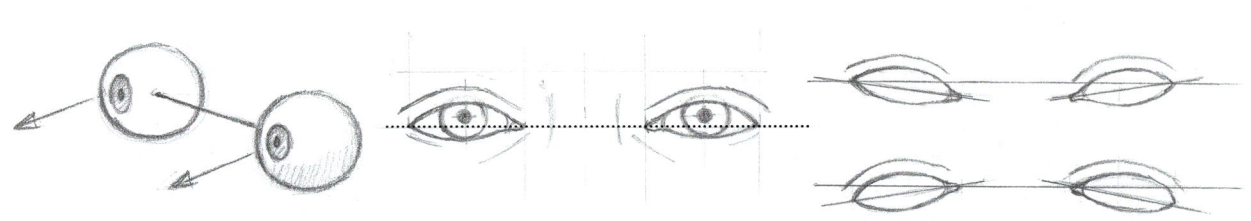

Piensa que los globos oculares tienen que trabajar al unísono para evitar una mirada desviada.

Las pupilas quedan por encima de la línea del ojo que se dibuja de extremo a extremo de los ojos. El párpado superior está más curvado (y es más móvil) que el párpado inferior.

Mira desde los extremos hasta el lagrimal y observa si los ojos están nivelados o ligeramente inclinados hacia arriba o hacia abajo.

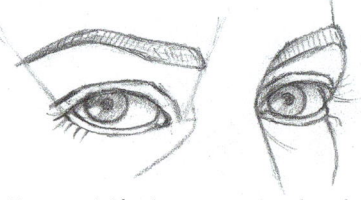

En esta visión de tres cuartos, los ojos representan unas formas bastante diferentes.

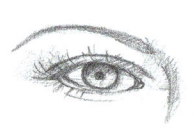

Los ojos de una mujer a menudo tienen unas pestañas gruesas y largas mientras que las cejas suelen ser arqueadas.

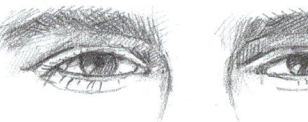

Las cejas de los hombres suelen ser más pobladas y gruesas que las de la mujer.

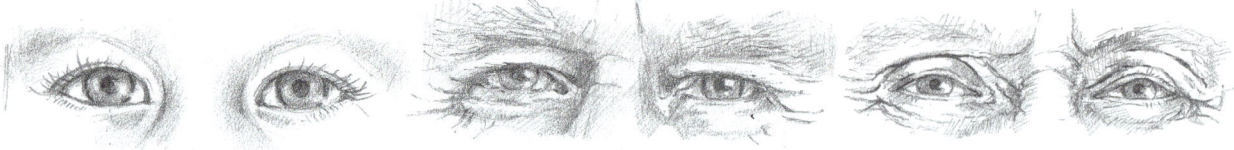

Los iris de los niños parecen más grandes y los ojos más separados entre sí que los de los adultos.

En las caras de personas más mayores, el párpado superior suele estar caído y hay líneas de expresión que irradian de los extremos de los ojos. Las cejas suelen ser gruesas y desiguales. Los párpados se hacen más gruesos con la edad y por eso se ve menos la parte blanca del ojo.

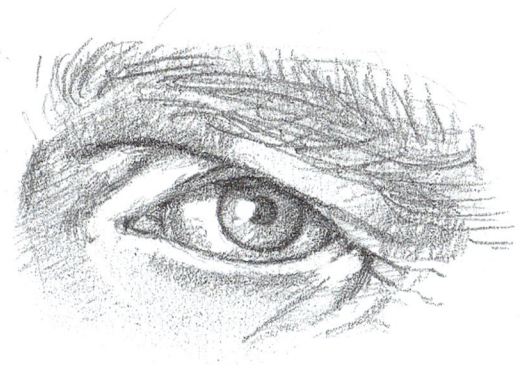

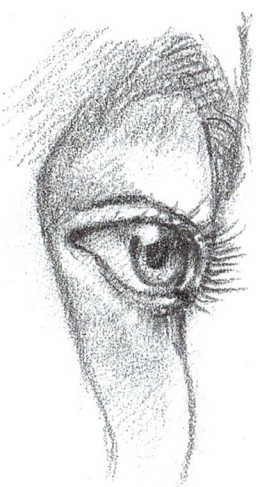

Los párpados a menudo crean una sombra en la parte blanca del ojo. Los reflejos pueden proveer de diferentes fuentes de luz y pueden añadir un brillo especial al retrato.

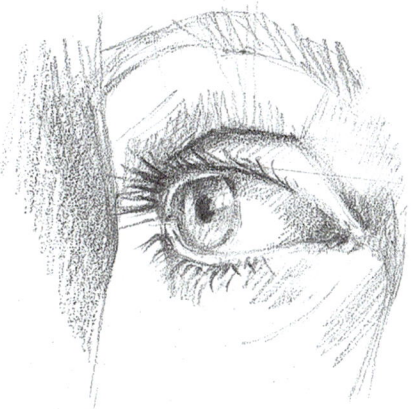

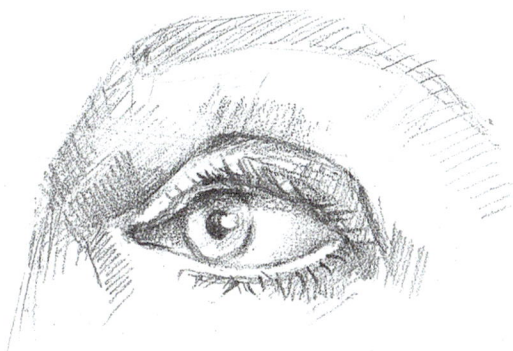

Este dibujo muestra con claridad el grosor de los párpados y cómo el inferior capta la luz. Hay que advertir que la forma de cada ojo es diferente desde este ángulo y también la naturaleza elíptica del iris.

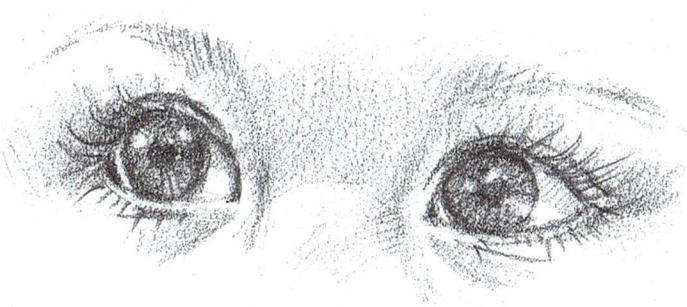

Dibuja ambos ojos al hacer un estudio. Las pupilas siempre aparecen en el centro del iris incluso si se mira desde un lado de la visión de tres cuartos. Conviene observar que las pestañas surgen del borde del párpado. Hay cierto grosor en el párpado y el inferior suele ser el que capta la luz.

Ejercicio

Utilizando un espejo, practica el dibujar tus propios ojos en diferentes posiciones y desde diferentes puntos de vista, observando lo mucho que cambian de forma las esferas y los párpados.

NARIZ

La nariz es el rasgo que más puede variar y también es el más prominente y, como tal, el que más sombra capta, tanta que a veces nos alejamos de captarla tal y como es.

La mitad superior adopta la forma que le da el hueso nasal (véase el diagrama del cráneo, en la página 22) mientras que la mitad inferior está formada por cartílago y tejido y, por lo tanto, es más flexible. El tabique nasal es el tejido situado entre los orificios nasales. Los reflejos y las sombras describen mejor la forma que las líneas dibujadas. Si bien la sombra inferior nos indica hasta dónde se proyecta la nariz. Se trata de una estructura compleja, así que el más mínimo cambio en el punto de vista altera su forma.

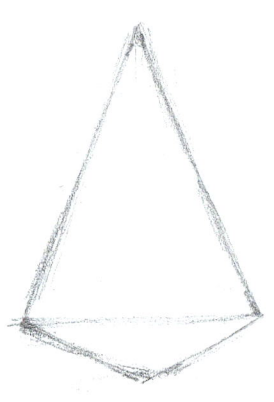 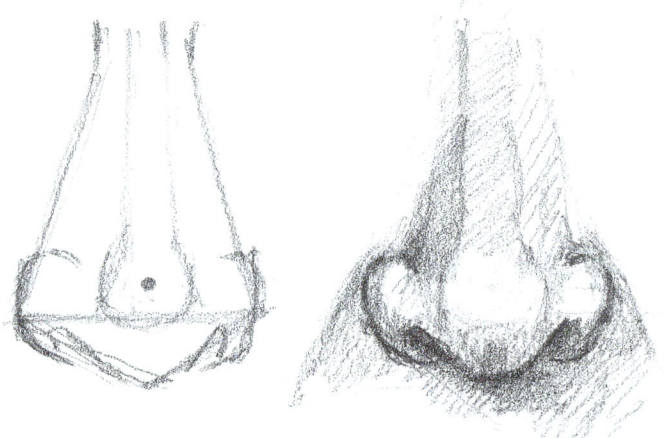

En esencia, la nariz es un triángulo sobre otro.

Busca los planos que te ayudarán a analizar y a simplificar la complicada estructura de la nariz. El punto en el dibujo izquierdo marca la punta de la nariz.

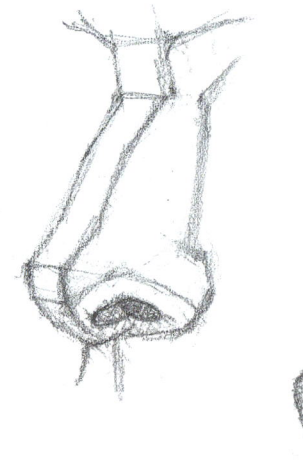 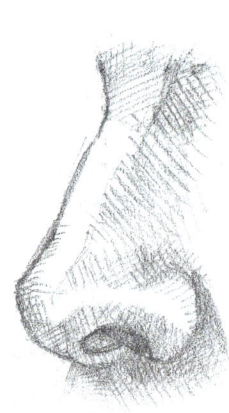

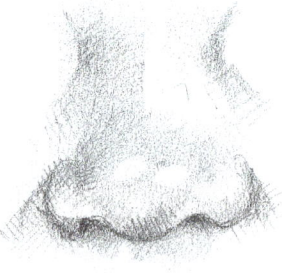

La nariz de un niño no tiene tabique, ya que esa parte se va desarrollando a medida que el niño crece, de manera que los orificios nasales y la punta son las únicas partes de la nariz que sobresalen.

A menudo hay una zona larga y plana que baja desde la mitad de la nariz y que puede tener una anchura variable.

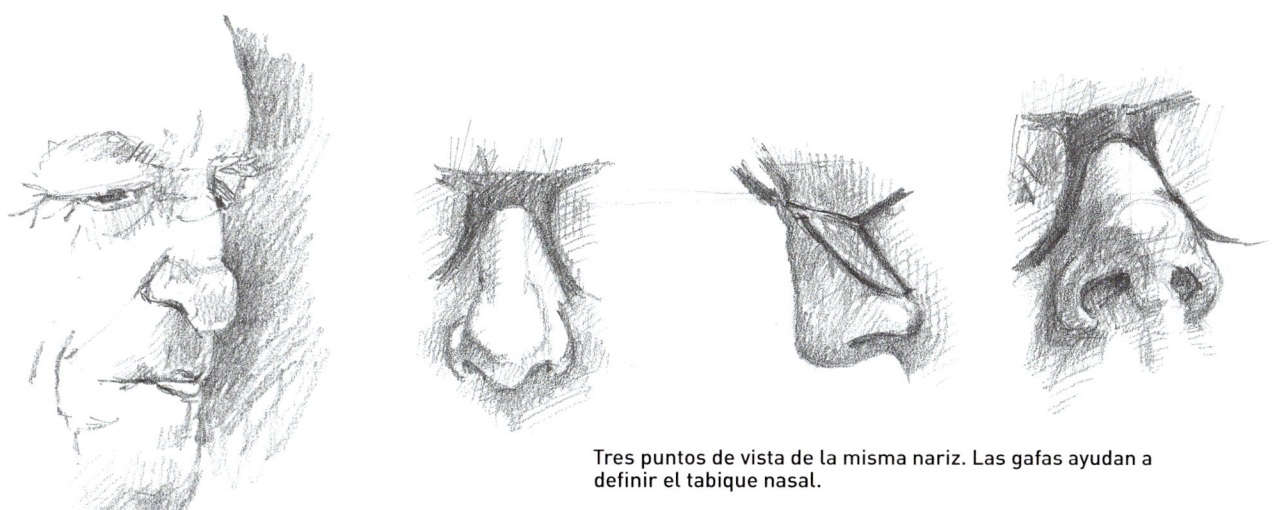

Tres puntos de vista de la misma nariz. Las gafas ayudan a definir el tabique nasal.

Hay narices de todo tipo de formas y tamaños. Sin duda, añaden mucha personalidad a la cara.

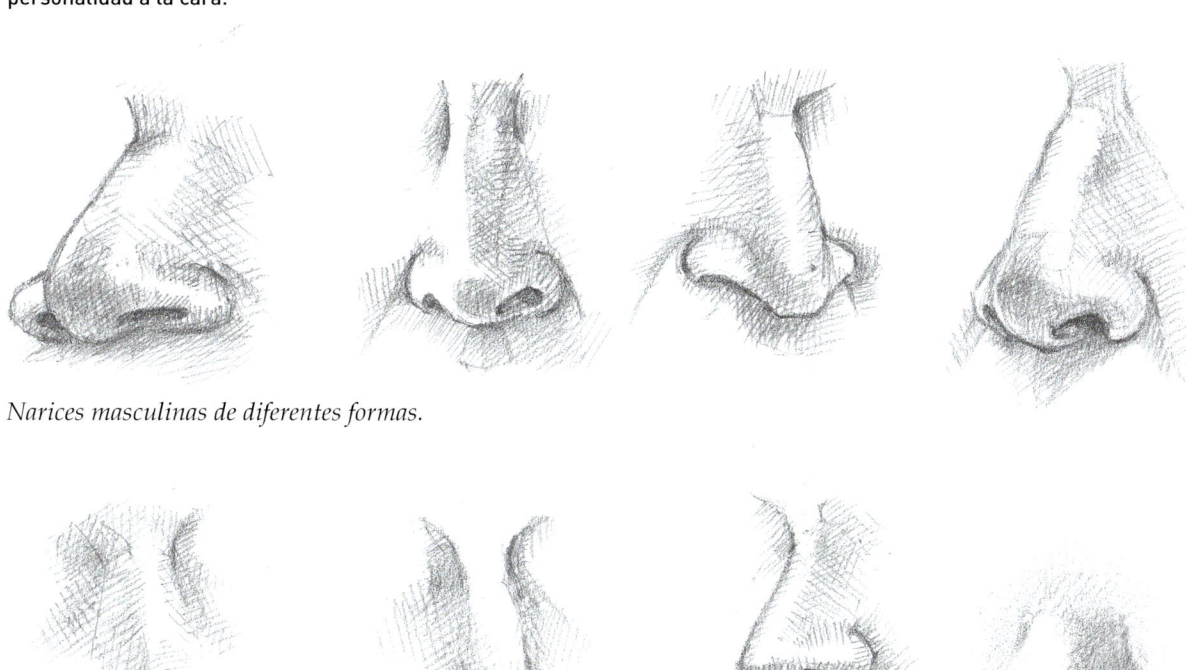

Narices masculinas de diferentes formas.

Narices femeninas de diferentes formas.

Ejercicio

Dibuja tantas formas de nariz como puedas. Busca en los periódicos y en las revistas para encontrar material en el que basarte o sencillamente ve haciendo esbozos mientras miras a los personajes que aparecen en televisión.

BOCA

La boca es el rasgo más móvil de todos y, por consiguiente, es tremendamente expresiva. El menor cambio en las comisuras cambiará toda la expresión. Las mayores diferencias entre bocas se deben a la raza, el género y la edad.

La estructura subyacente de los dientes y el grosor de los labios son los que dan forma a la boca. El labio inferior suele estar más relleno que el superior y puede que no tenga un contorno que delinear, sino que sencillamente se dibuje por medio de reflejos y sombras. Utiliza las líneas curvas de las arrugas de los labios para enfatizar la forma. Observa atentamente la línea que divide los labios, ya que hay que dibujarla con sensibilidad.

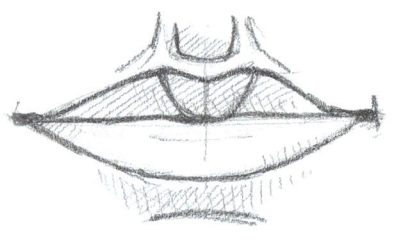 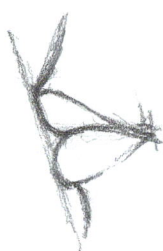

El labio superior está dividido en tres partes con un triángulo central que forma la «flecha de Cupido». En condiciones normales de iluminación, el labio superior queda normalmente en sombra y por lo tanto, queda más oscuro que el labio inferior.

De perfil, el labio superior a menudo sobresale por encima del labio inferior.

Aquí mostramos una selección de bocas de frente y de perfil. De izquierda a derecha: mujer, hombre, hombre mayor y niño.

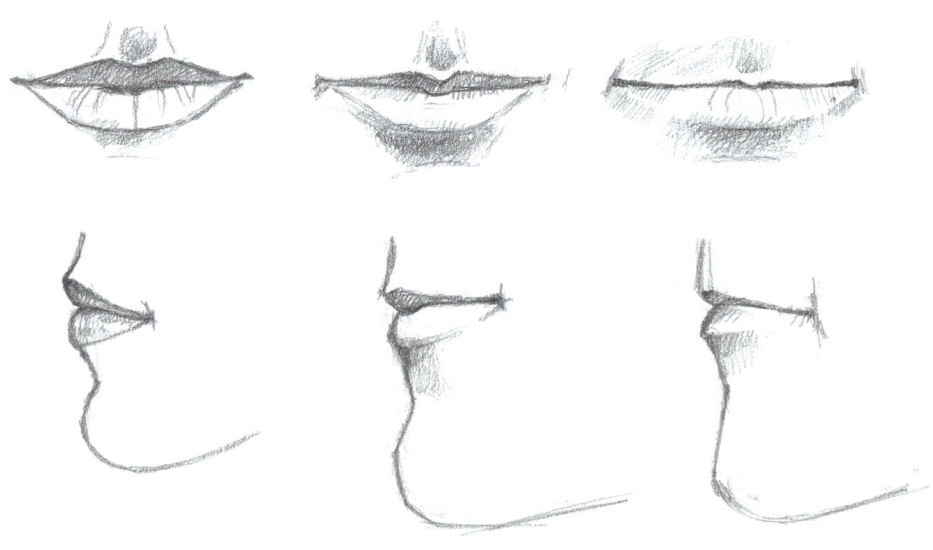

Hay que observar que el labio superior es bastante fino y el labio inferior queda definido por la luz y la sombra.

El típico labio de pimpollo, pequeño y relleno.

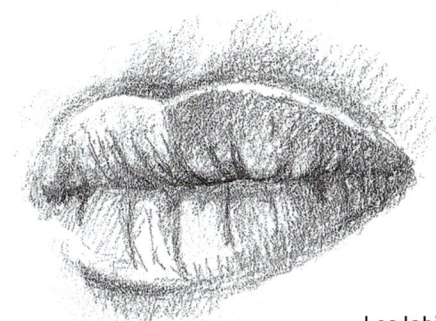
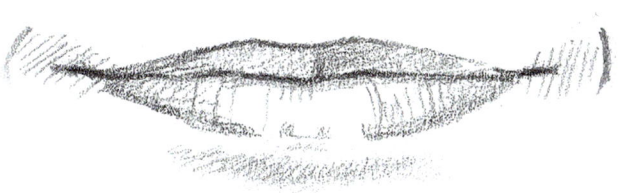

Los labios varían mucho de tamaño y grosor, dependiendo de la expresión del modelo, de su etnia y de su estructura facial.

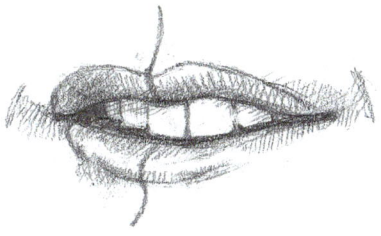
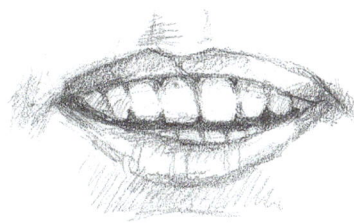
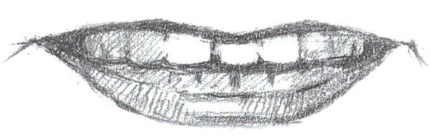

Utilizar el eje central contribuye a alinear los labios. En este ejemplo, los dientes están situados bastante más atrás de los labios y por lo tanto, la línea central de los dientes está más a la derecha.

En este otro ejemplo, los dientes están inclinados hacia atrás, definidos por la inclinación de la línea central entre los dientes centrales.

Los labios se van afinando con la edad. A veces los dientes son desiguales o hay huecos entre ellos, lo que puede aportar personalidad al retrato.

DIENTES

Es difícil dibujar una boca que muestre todos los dientes y, por muchas razones, un dibujo así no sería el ideal para un estudio retratista. Sin embargo, a veces, una composición «instantánea» puede ser memorable. Como regla general, no dibujes los dientes de manera individual. Dibuja la línea de la encía y después el contorno de la hilera superior y de la hilera inferior, si son visibles. Coloca la línea central de los dientes.

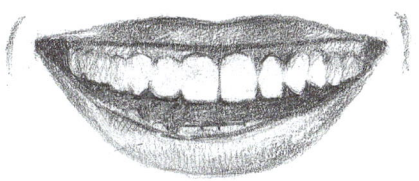
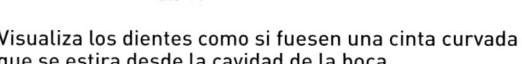

Visualiza los dientes como si fuesen una cinta curvada que se estira desde la cavidad de la boca.

Consejo

Si trabajas a partir de fotografías, a menudo la gente habrá posado sonriendo, revelando los dientes de la boca, lo que puede resultar harto difícil de dibujar. Lo ideal es que hagas tus propias fotografías y pidas al modelo que sonría y se relaje. Así se podrá ver una sonrisa en los labios pero sin enseñar los problemáticos dientes. Si estás trabajando con un dibujo al natural con un modelo que posa durante el dibujo, ir hablándole evitará una expresión fingida y animará todas las partes de la cara, incluida la boca.

OREJAS

Las orejas son un rasgo que a menudo pasa desapercibido, que puede parecer insignificante y difícil de dibujar, pero es igual de importante que otros rasgos y debería dibujarse con el mismo detenimiento y cuidado.

Aunque varían mucho en forma y tamaño, suelen tener las mismas características en todas las personas y son iguales en hombres y mujeres. Las orejas crecen y se alargan con la edad, algo fácil de observar en los hombres mayores.

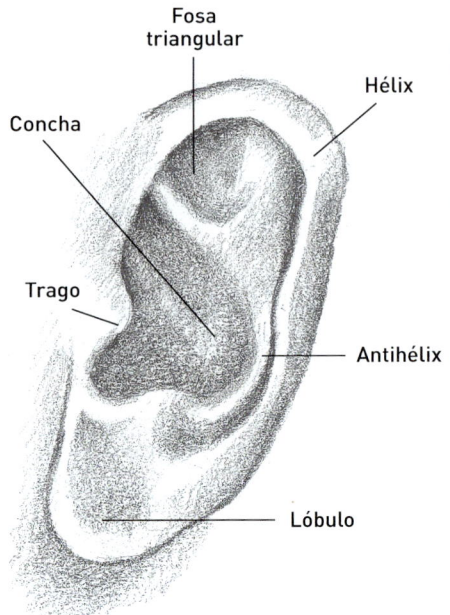

Estructura de la oreja

No es necesario aprenderse los nombres de las partes de la oreja pero es útil saberlos para identificarlos.

El hélix es el borde exterior de la oreja, que acaba en la concha, la parte central cóncava. El antihélix forma un arco entre el hélix y la concha, encontrándose con el trago, que puede variar mucho en forma y tamaño.

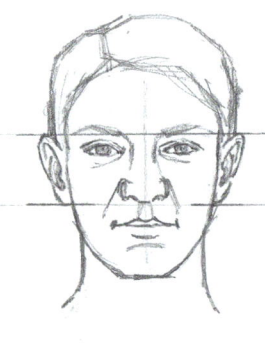
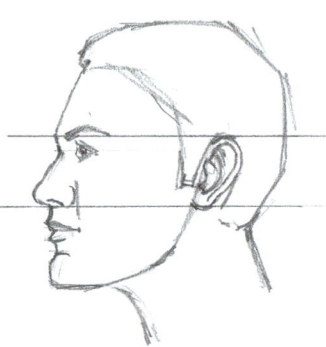

Las orejas se alinean con el extremo exterior de la ceja y la base de la nariz.

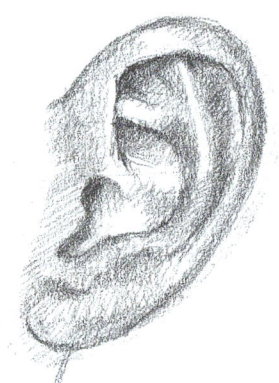

Visión lateral de la oreja.

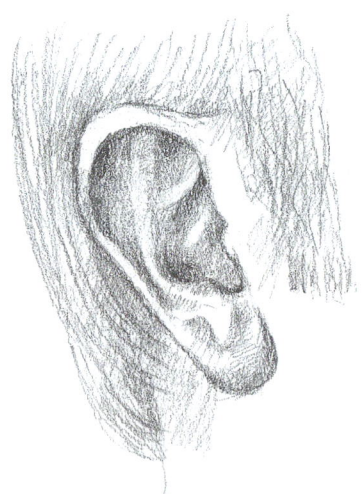
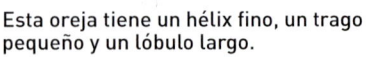

Esta oreja tiene un hélix fino, un trago pequeño y un lóbulo largo.

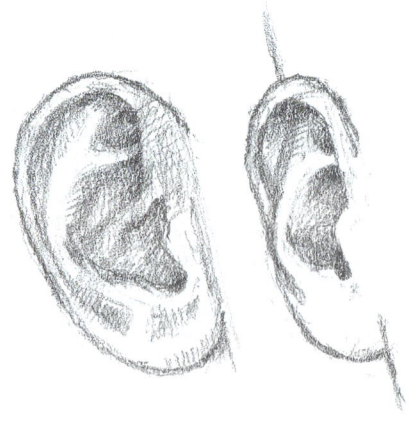

Diferentes perspectivas de la misma oreja. En la perspectiva frontal (derecha), el antihélix es bastante prominente.

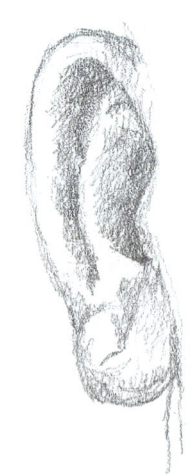

Aquí se muestra una oreja más grande y más larga, típica de un hombre mayor.

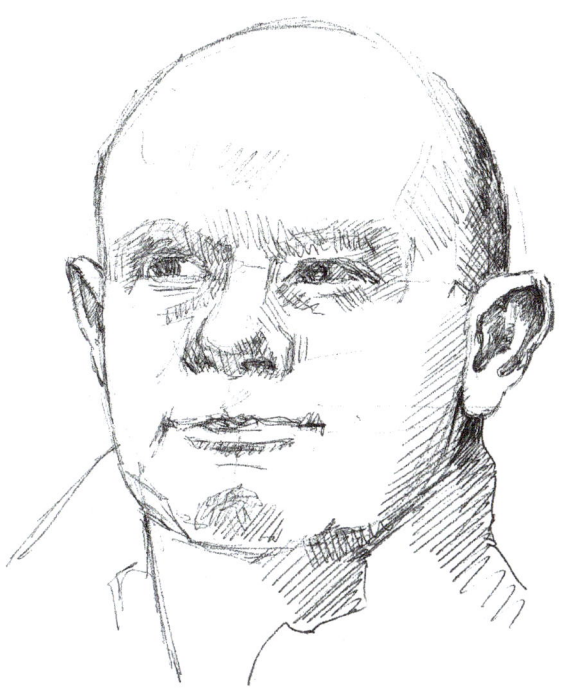

Las orejas pueden estar bastante pegadas a la cabeza o salientes, como aquí, lo que añade personalidad al sujeto.

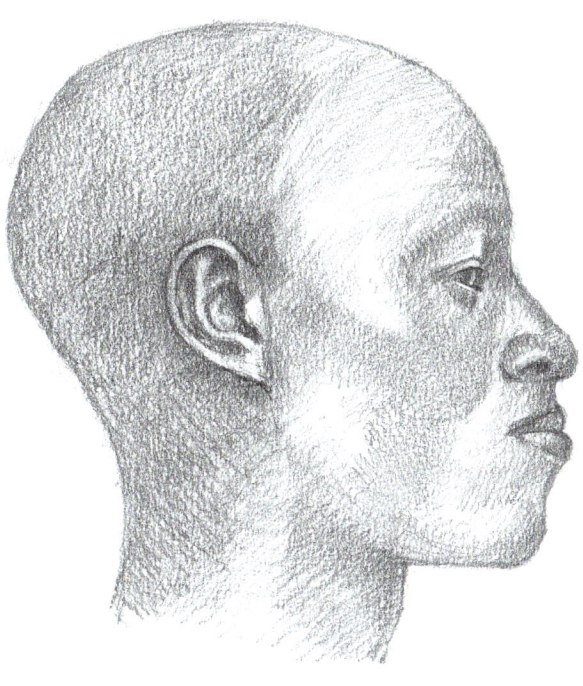

Es importante colocar la oreja correctamente, sobre todo cuando se está dibujando de perfil o en una posición de tres cuartos. Un error muy común suele ser minimizar la distancia entre la oreja y el rincón del ojo, lo que reduce el cráneo y a la vez disminuye la semejanza.

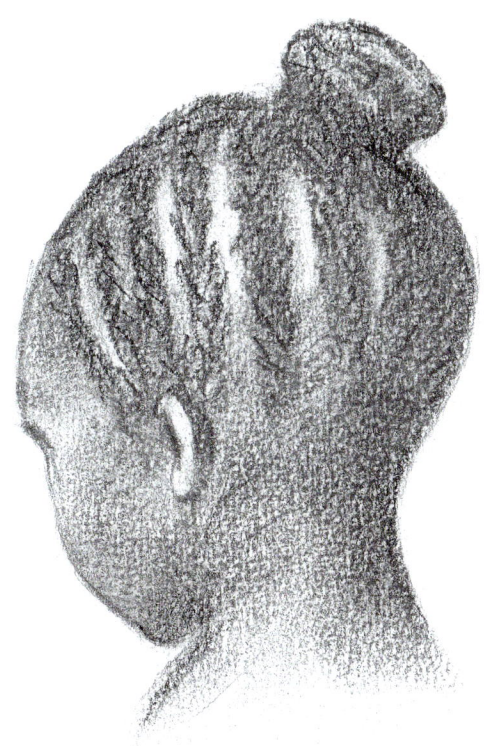

Las orejas de esta niña parecen ser un rasgo bastante insignificante, pero de hecho, marcan la posición de la línea de la mandíbula y el lateral de la cabeza, dando forma y definición a la zona.

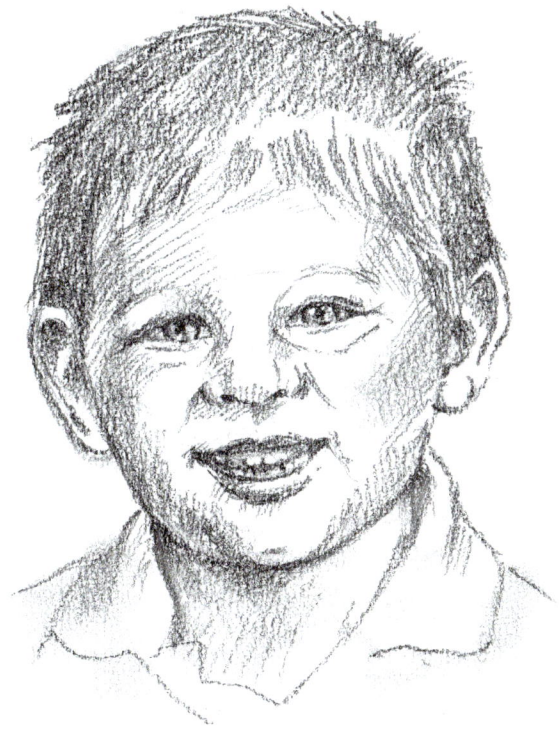

En algunos casos, las orejas de los niños pueden ser bastante grandes, demostrando que siempre hay excepciones a la regla.

PELO Y VELLO FACIAL

Al dibujar el pelo, hay que tratarlo como si fuese una masa general, enfatizando la caída y el movimiento o la textura. Dibujar unos cuantos mechones de pelo aquí y allá puede proporcionar un aspecto más natural. Si hay algún mechón que sobresalga, vale la pena dibujarlo individualmente.

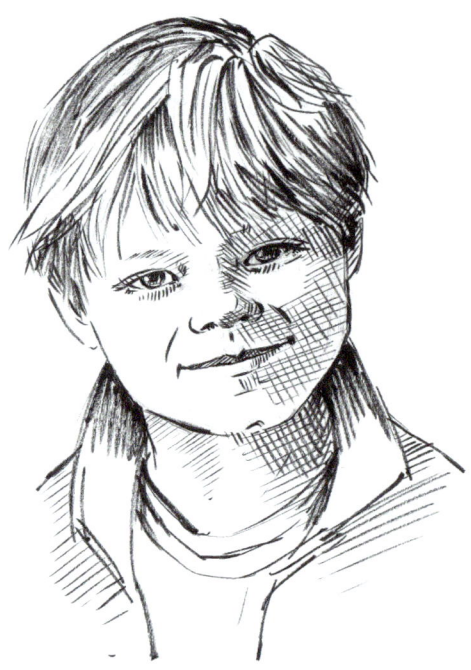

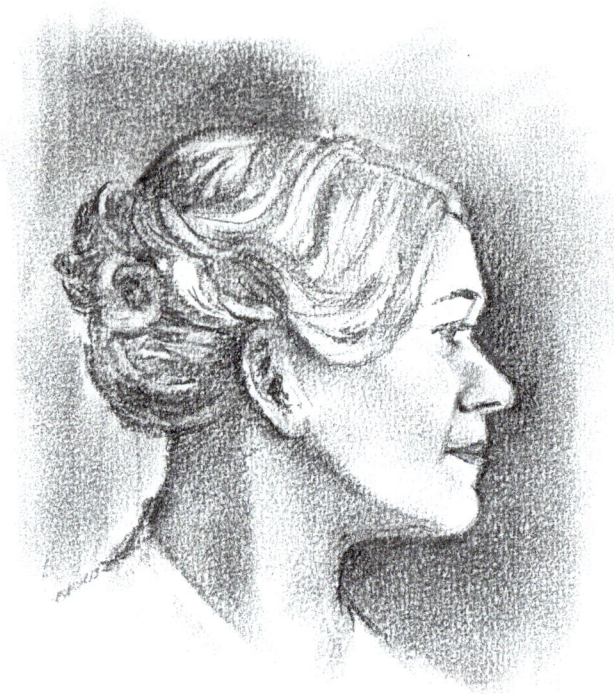

Las marcas de dirección y el grosor variante de la línea de la pluma ayudan a captar el manojo de pelo desenfadado de este niño.

Esta perspectiva de perfil de un pelo ondulado fue realizada en carboncillo, creando la sensación de una melena sedosa.

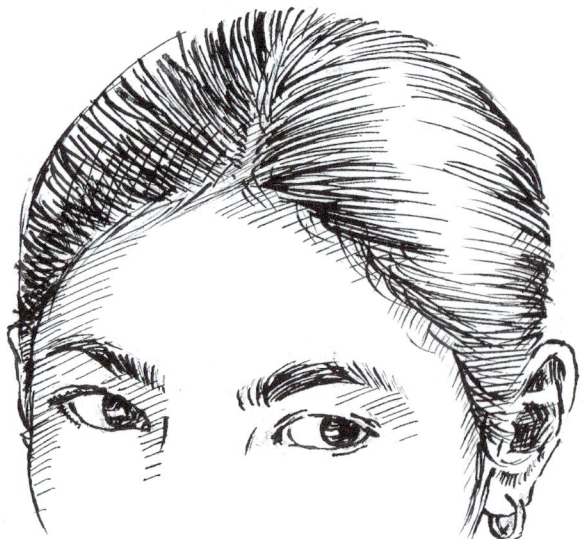

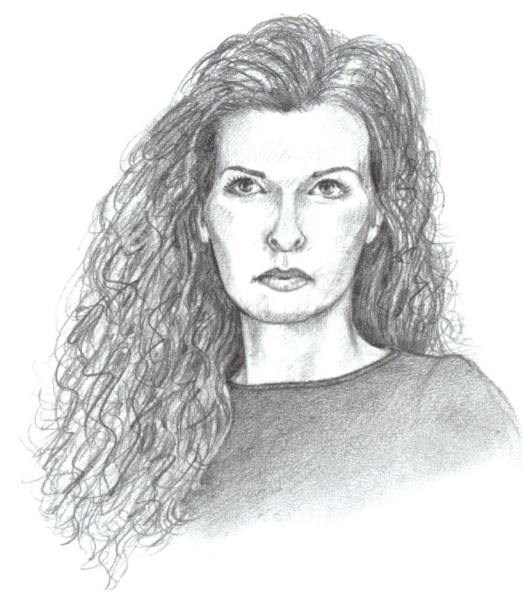

Dejar suficiente papel blanco entre los trazos de pluma ayuda a generar reflejos en un pelo negro con brillo.

Aquí he utilizado unos rizos y ondulaciones con trazos vivos para reflejar el temperamento de esta melena rizada.

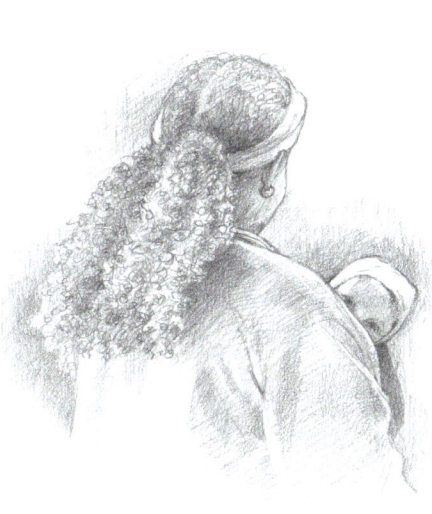

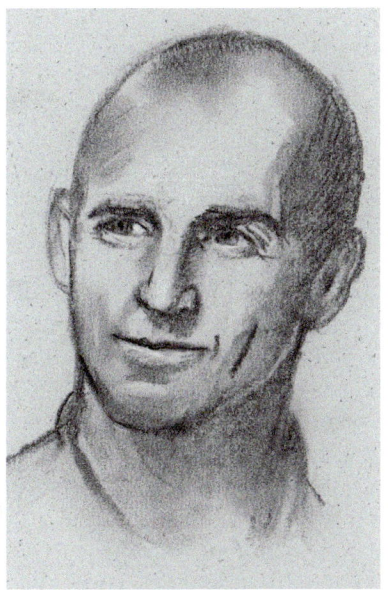

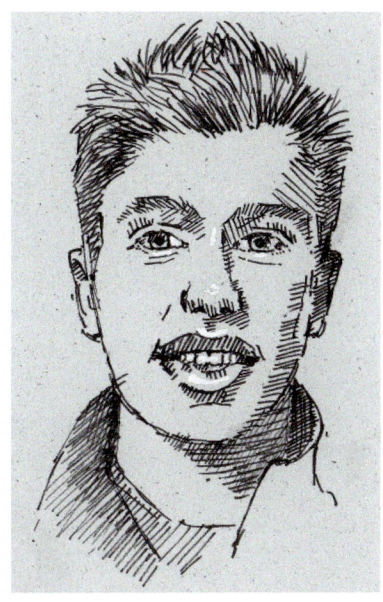

He hecho unos garabatos y espirales con lápiz para crear la textura de este pelo tan largo, rizado y encrespado.

Casi sin pelo. El carboncillo sirvió para dibujar la forma de la cabeza, en la que el cráneo es muy aparente.

Unas marcas rectas y cortas en varias direcciones consiguen este peinado de punta. Cuando se utiliza la pluma también se puede aprovechar el blanco del papel para crear reflejos.

Vello facial

Como ocurre con el pelo, el bigote y la barba también suelen tratarse como una masa tridimensional. Evita trabajar numerosas marcas de manera individual, al contrario, añade unos cuantos toques selectivos alrededor de la boca y las comisuras para añadir textura y forma.

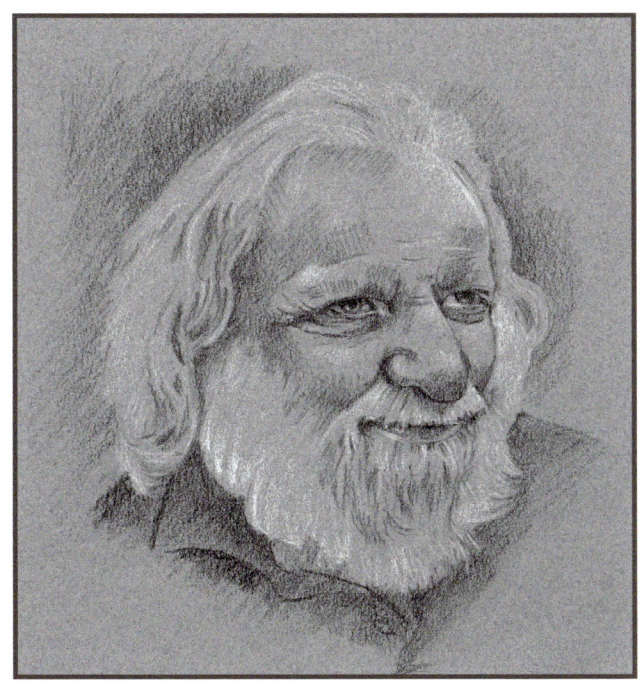

Lápiz pastel blanco y negro, utilizados a la vez para crear el pelo blanco y la barba de este anciano. Oscurecí el fondo tras la cabeza para dar mayor contraste al pelo.

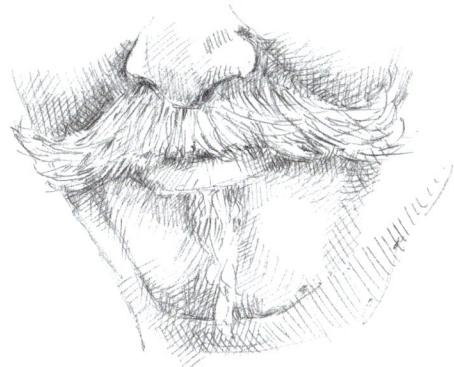

Deliberadamente, oscurecí las zonas alrededor del bigote con rayas perpendiculares y paralelas, porque lo resalta y también le da luminosidad. Las líneas curvadas imitan el nacimiento del pelo en el centro de la barbilla.

Captar la semejanza

EL TRIÁNGULO OJOS/NARIZ

Cualquier punto de vista que no sea el de la cara completa distorsiona los rasgos y hace que sea difícil analizar la semejanza. A menudo, dibujamos lo que creemos que vemos en vez de dibujar lo que tenemos delante de nosotros. Una vez hayas dibujado la línea del ojo, el eje central y los propios ojos, puedes utilizar el sistema de medición del triángulo ojos/nariz que explicamos aquí para asistirte a establecer la longitud y la posición de la base de la nariz. También puede utilizarse para fijar la posición del centro de la boca y es un método que utilizo a menudo tanto si trabajo con un modelo real como a partir de fotografías.

Cuando se trabaja con modelos al natural, se suele trabajar con un caballete para que la imagen del modelo quede alineada a la superficie de trabajo. Sostén el lápiz en el aire y alinéalo con la pupila del ojo y la base del tabique nasal; mueve el brazo para trasladar este ángulo al papel. Repite para cada lado. Comprueba que los ángulos sean los correctos repitiendo todo el proceso.

Si estás trabajando a partir de una fotografía fijada a tu tablero, pon el lápiz en el ángulo que quieres medir y después, con cuidado, muévelo sobre el papel para replicar el ángulo. Repite también para el otro lado y comprueba que todos los ángulos sean los correctos. Yo prefiero dibujar estas líneas estructurales sin regla porque me parece que si no, es demasiado mecánico, pero depende del gusto personal.

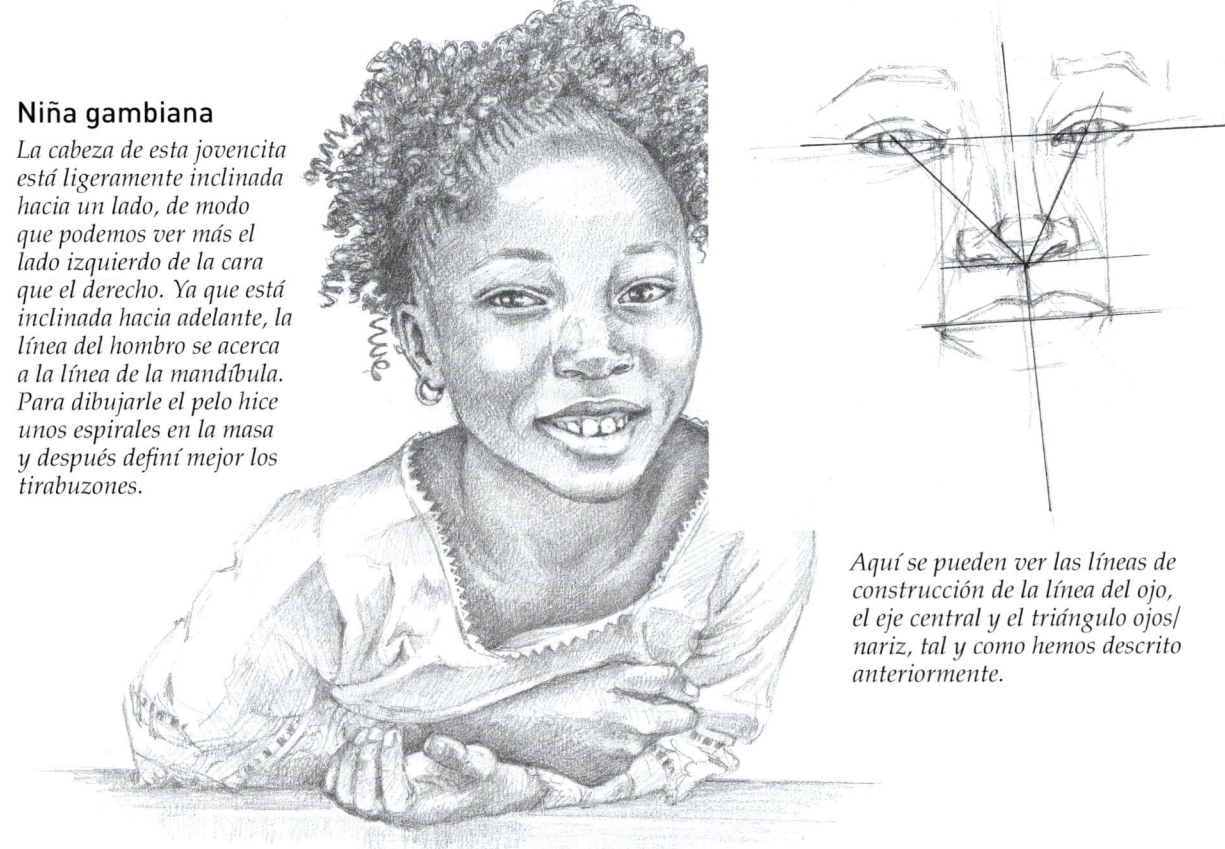

Niña gambiana

La cabeza de esta jovencita está ligeramente inclinada hacia un lado, de modo que podemos ver más el lado izquierdo de la cara que el derecho. Ya que está inclinada hacia adelante, la línea del hombro se acerca a la línea de la mandíbula. Para dibujarle el pelo hice unos espirales en la masa y después definí mejor los tirabuzones.

Aquí se pueden ver las líneas de construcción de la línea del ojo, el eje central y el triángulo ojos/ nariz, tal y como hemos descrito anteriormente.

Utilizar el triángulo ojos/nariz

Esta posición de tres cuartos, con la mirada ligeramente hacia abajo, es otro ejemplo en el que resulta muy útil la medición del triángulo ojos/nariz. Es muy difícil calcular la longitud y la posición de la nariz sin esta técnica tan útil.

Consejo

Aunque es una buena práctica el dibujar directamente con pluma, si el retrato es complicado o se hace desde un ángulo inusual, es mejor empezar a dibujar con lápiz, sobre todo si se es un principiante.

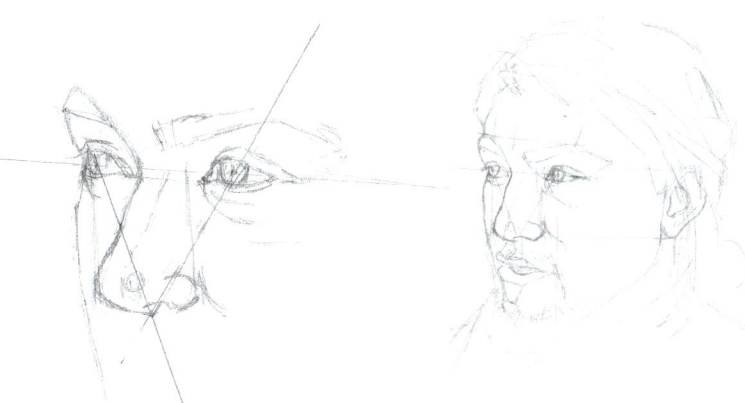

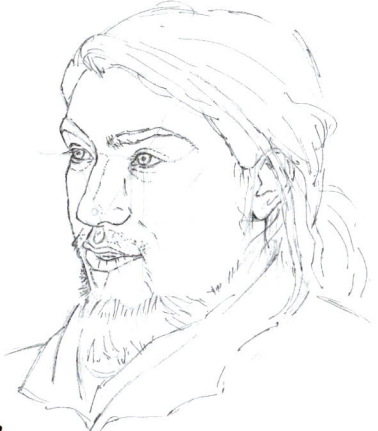

1 Con lápiz, dibuja la línea del ojo y marca la posición de las pupilas. Estas determinarán el tamaño del retrato acabado. Haz un esbozo de cada ojo, observando la distancia entre los lagrimales, las formas diferentes de cada ojo y la forma negativa entre los párpados superiores y las cejas. Para calcular la longitud de la nariz, dibuja una línea diagonal que vaya desde la pupila de cada ojo hasta la base de la nariz para formar un triángulo.

2 Al trazar las líneas verticales a partir de los ojos puedes determinar el ancho de la boca y después estimar la distancia de la boca respecto a la nariz, comparándola con una distancia similar en la cabeza. Comprueba la posición de la oreja midiéndola en relación con la nariz y comparándola con una distancia similar.

3 Con los rasgos ya colocados con precisión, repásalos con tinta, haciendo los cambios que convengan. Empieza dibujando con ligereza, utilizando puntos y líneas rotas y después refuerza y enfatiza los rasgos.

El retrato final

El sombreado se ha añadido selectivamente para completar el retrato. La máxima de menos es más se aplica a la pluma y a la tinta, sobre todo en lo que respecta a la barba y el pelo. Si los hubiese dibujado tan oscuros como lo son en realidad se hubiesen llevado toda la fuerza del retrato. He enfatizado una mechón largo de pelo oscureciendo el fondo. Cuando ya tuve el retrato finalizado, borré las líneas de lápiz, sobre todo las que interrumpían los puntos blancos.

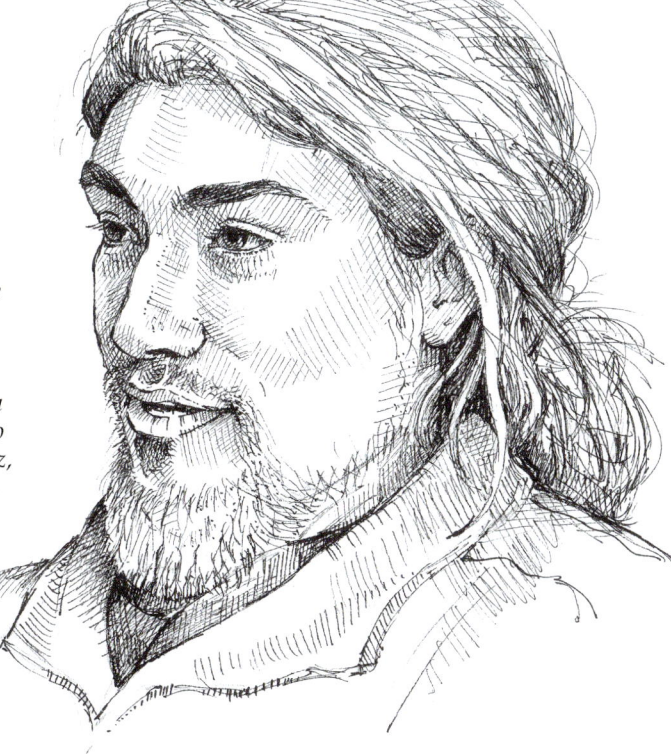

FIGURAS GEOMÉTRICAS

Buscar las formas angulares en la cabeza o entre dos figuras es otra manera de simplificar lo que puede ser un proceso complejo de dibujar un retrato y conseguir semejanza. Estos esbozos muestran algunos ejemplos:

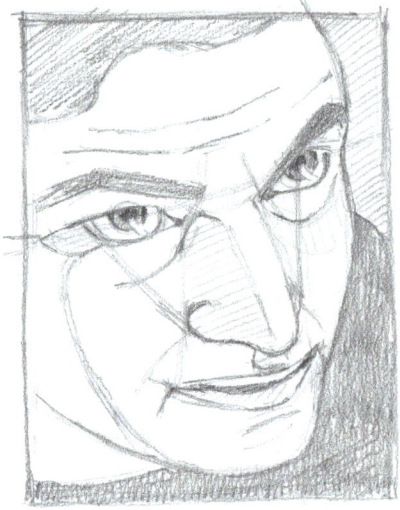

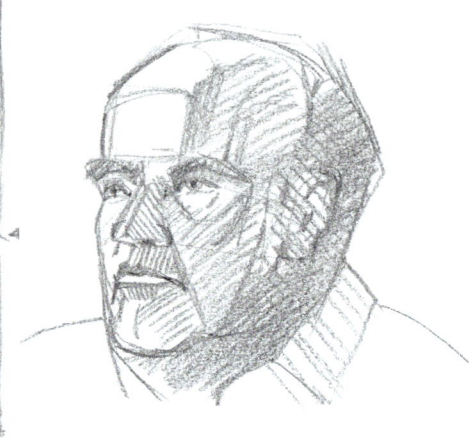

Mirada hacia arriba

Este punto de vista, muy inusual, puede ser difícil de dibujar. Los rasgos aparecen distorsionados desde este ángulo de escorzo si se comparan con un ángulo de frente; casi no se distingue una cara, sino que vemos una serie de formas angulares. Hacer un retrato desde este punto de vista es fascinante pese al reto que supone. Además, la iluminación de abajo crea unas sombras y formas muy interesantes que intensifican la expresión.

Madre y retoño durmiendo

Además de tratarse de un tema muy entrañable, me divirtió mucho el juego de formas angulares: los brazos de la madre enmarcan y rodean al bebé. Como punto de partida he marcado los brazos de la madre en el borde la fotografía y he situado las formas principales. Después dibujé las cabezas de la madre y del bebé, esta última mucho más pequeña en comparación.

David

Se trata del primero de muchos bocetos que hice a este modelo. Empecé evaluando los planos y las formas geométricas para familiarizarme con los rasgos y las proporciones y conseguir así la máxima semejanza.

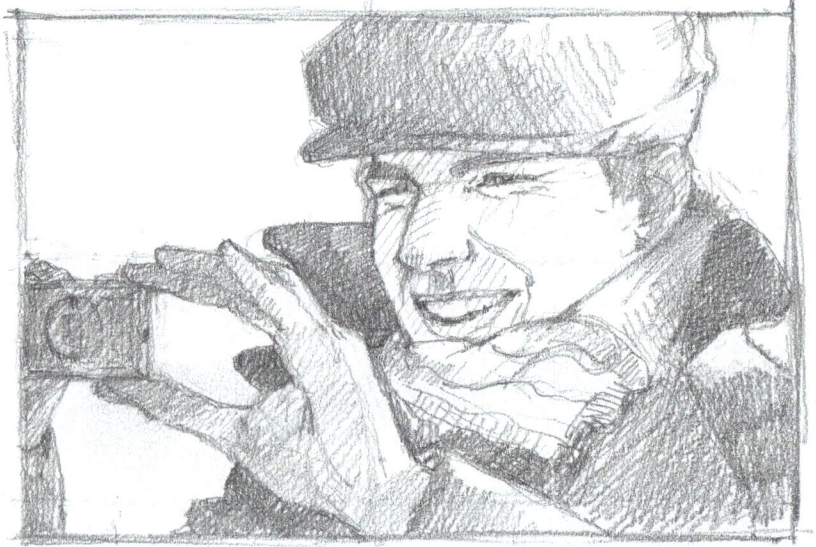

Fotos invernales

Es un tema complejo, ya que hay un intrigante juego de formas positivas y negativas —las áreas entre los fragmentos sólidos—. Analiza primero los elementos principales —la cabeza y el gorro, el abrigo y la bufanda— antes de pasar a la mano y la cámara. Tonalmente, este esbozo resulta un estudio interesante por el contraste entre la luz y las zonas oscuras.

ABSTRAER EL MATERIAL ORIGINAL

Aprender a dibujar implica aprender a ver, entrenar a nuestro cerebro para analizar lo que tenemos enfrente e interpretarlo con fidelidad en vez de reproducir el aspecto que pensamos que debería tener algo. Ver a una persona que nos resulta familiar desde un nuevo ángulo nos anima a analizar lo que vemos en vez de seguir una idea preconcebida. Por consiguiente, nos ayuda a dibujar lo que vemos y no lo que creemos ver.

Ejercicio: dibujar bocabajo

El propósito de este ejercicio inspirado por la artista, la Dra. Betty Edwards, es permitir que el hemisferio derecho del cerebro se imponga al izquierdo, que suele ser el dominante. El hemisferio derecho es el lado intuitivo y no verbal, que es el que trabaja con patrones o dibujos. Es este hemisferio el que debería ser el dominante para conseguir un dibujo preciso que nos permita evaluar correctamente los ángulos, las dimensiones, las formas y las pautas. La función del hemisferio izquierdo es reducir los pensamientos a números, letras y palabras; es el lado verbal, el racional y, por consiguiente, contempla el mundo visual en términos de símbolos. Interpreta «esto es un ojo, esto es una nariz, etc.». Y puede dictar el modo en el que los dibujas.

Marca en el papel un rectángulo del mismo tamaño que la fotografía y después da la vuelta a esta, dejándola bocabajo. Dejando de lado el resto de distracciones, concéntrate únicamente en dibujar las formas que veas.

No pienses en que se trata de una versión bocabajo de alguien que conoces sino que tienes que contemplarlo como una serie de curvas, líneas y contornos bien interesantes.

Empezando por la parte de arriba, trabaja en horizontal y en vertical, copiando con la máxima precisión posible. No intentes girar la fotografía hasta que hayas acabado.

Al hacer trabajar el hemisferio derecho del cerebro no debería preocuparte mucho el paso del tiempo y deberías ser capaz de bloquear los ruidos y demás distracciones, estando alerta pero relajado, casi en trance.

Dedica unos 15 o 20 minutos para dibujar la fotografía y después dale la vuelta, poniéndola en sentido correcto. Seguramente tu dibujo será bastante preciso y ¡quedarás sorprendido de la semejanza!

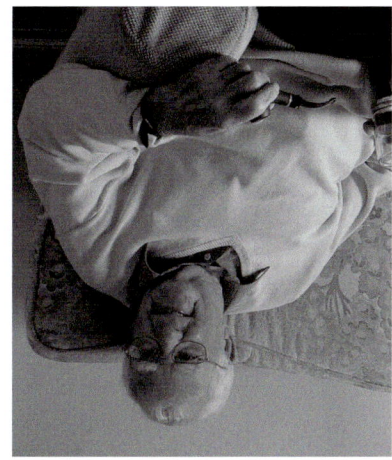

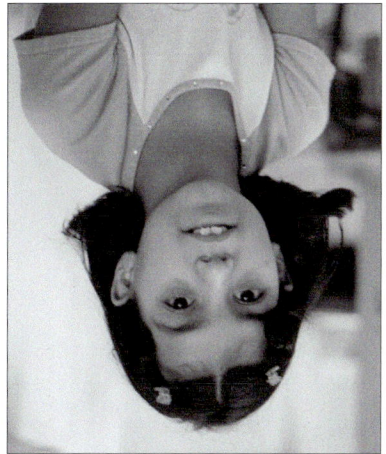

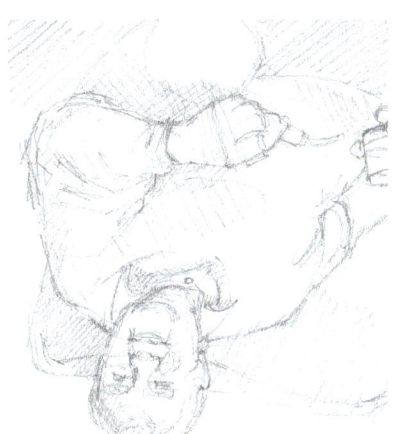

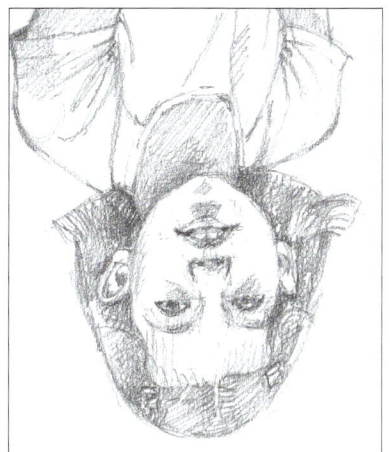

Bob con su pipa

Joven israelí

MEDIR SIN REGLA

Juzgar las distancias y los ángulos «a ojo» no siempre es un método muy preciso, incluso para los artistas que llevan años pintando. El cerebro a veces modifica lo que ven nuestros ojos y nos engaña, de modo que creemos que una distancia está más lejos o más cerca de lo que lo está en realidad. Seguir estos sencillos consejos para medir te ayudará a determinar la distancia que tienes enfrente y, además, te servirá para cualquier tema que pintes.

Medir los ángulos

Referenciar múltiples puntos del retrato es una de las maneras más sencillas de mejorar la precisión. Para este proceso, asegúrate de que la superficie de trabajo esté alineada al modelo.

1 Cierra un ojo. Sosteniendo el lápiz formando un ángulo recto, alinea el lápiz en un ángulo en el área seleccionada; por ejemplo, desde el extremo exterior del ojo hasta la comisura de la boca, desde el lagrimal hasta el orificio nasal o desde la parte superior de la oreja hasta el ojo.

2 Manteniendo el lápiz en el mismo ángulo, traslada con cuidado el brazo hasta el papel sin cambiar de ángulo y marca la línea ligeramente en el dibujo.

3 Repite el proceso para comprobar que la línea esté bien marcada y no hayas movido el brazo.

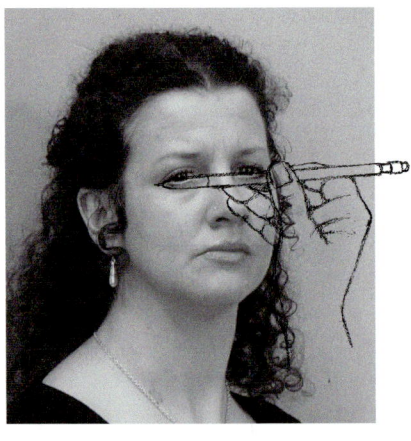

Comprobando el ángulo de la línea del ojo: la punta del lápiz se alinea con el extremo exterior del ojo derecho del modelo y el lápiz se inclina hasta que atraviesa el extremo exterior del ojo izquierdo del modelo.

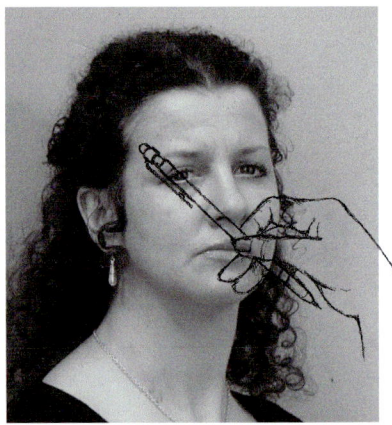

El ángulo entre el ojo derecho del modelo y la base de la nariz.

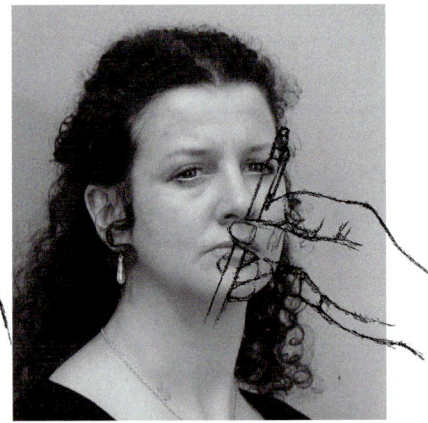

El ángulo entre el ojo izquierdo y la base de la nariz.

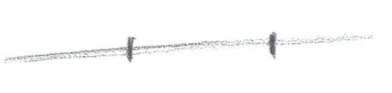

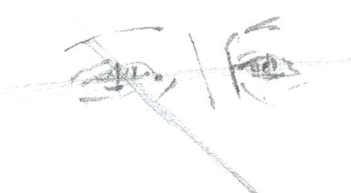

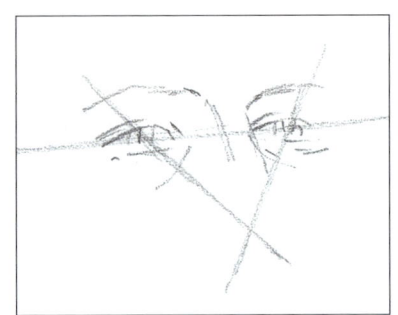

Medir proporcionalmente

Es un método para comparar una unidad de longitud en el modelo o en una fotografía con un área del dibujo. Las medidas pueden tener el mismo tamaño que la referencia, ampliarse o reducirse. Para empezar, el enfoque más sencillo consiste en medidas del «mismo tamaño».

Para ello, sostén el lápiz estirando el brazo de manera vertical o horizontal —según lo que quieras medir—. Es importante que la distancia a la que sostengas el lápiz sea consistente ya que si no, las medidas se distorsionarán.

Método

1 Cierra un ojo. Alinea el final del lápiz con lo que quieres medir y después desliza el pulgar por el lápiz para determinar la unidad de medición. En el ejemplo de la derecha, el extremo del lápiz está alineado con la pupila derecha del modelo y la uña del pulgar con la pupila izquierda.

2 Compara esta unidad de longitud con otra zona de la misma distancia. Por ejemplo, para averiguar qué distancia hay entre la oreja y la nariz, mide la distancia y, manteniendo el pulgar en la misma posición, encuentra una anchura semejante en el dibujo, quizás la distancia entre pupila y pupila o pupila y boca.

3 Transfiere esta información al dibujo: utiliza el lápiz para medir la misma distancia en el dibujo —por ejemplo, de pupila a boca en el dibujo será igual que de nariz a oreja— y márcalo en el papel.

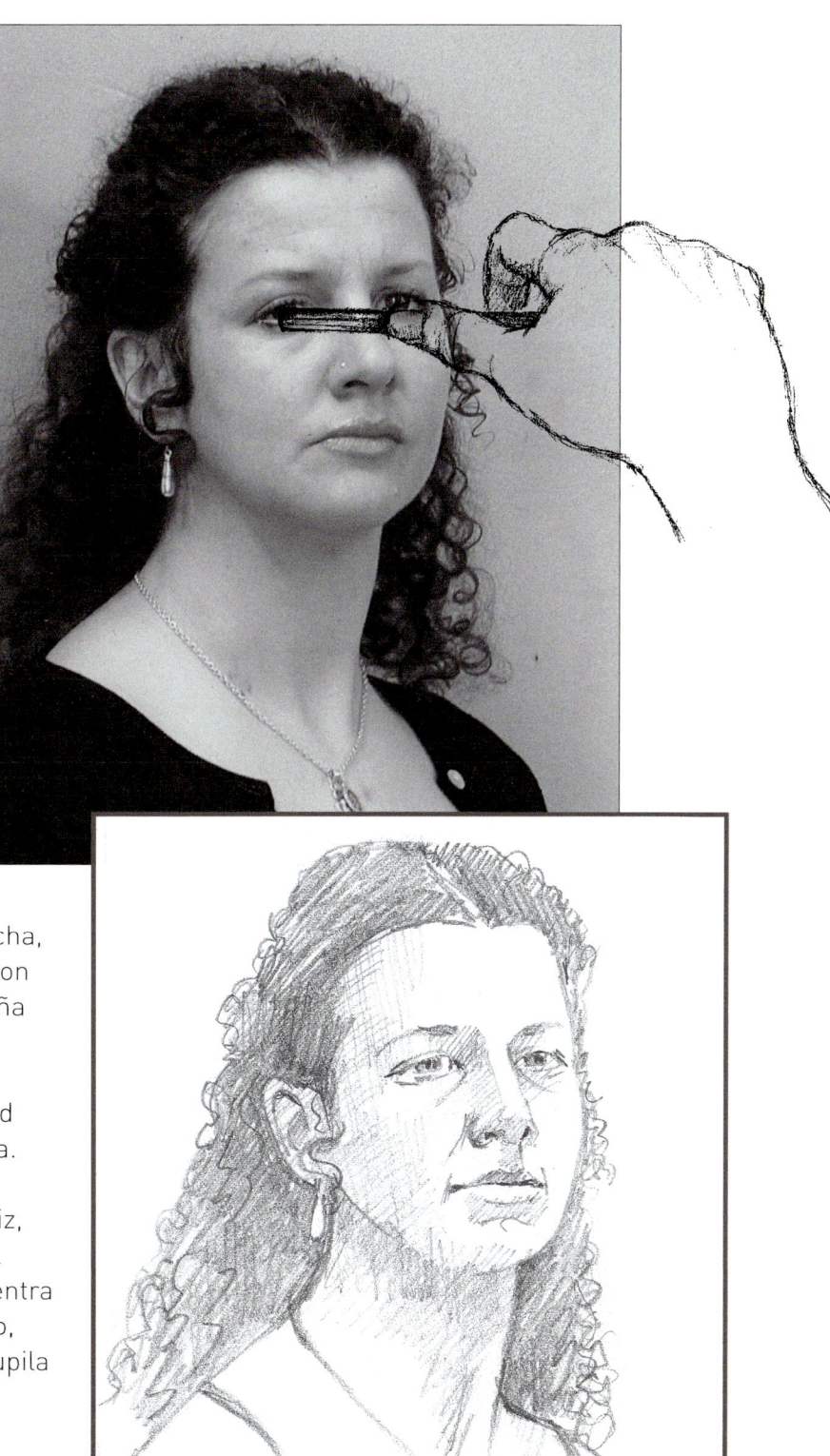

Sam

Dibujar un retrato no se trata de un proceso misterioso, sino de una combinación de formas cuidadosamente observadas y precisas mediciones. En este ejercicio muestro seis pasos para crear un dibujo a mano alzada, a lápiz, a partir de una fotocopia.

MATERIALES

Papel de dibujo de grosor medio

Tablero o caballete

Cinta

Fotografía de referencia o fotocopia

Lápices 2B y 4B

Una goma a la que podamos dar forma

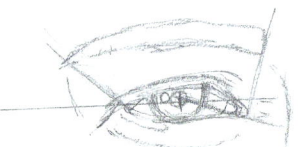

Fotocopia de la fotografía que tomaremos como fuente para este dibujo.

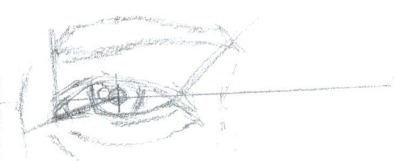

Consejo

Si vas a dibujar a un modelo en tres cuartos, un lado de la cara será más estrecho que el otro. Recuerda este punto al dibujar los ejes.

1 Fija el papel al tablero con un poco de cinta y eleva la parte superior del tablero para que la superficie de trabajo quede inclinada. Coloca la fotografía o la fotocopia de referencia en el borde del tablero, en un rincón, sobre el papel de dibujo.

Ejes Utiliza un lápiz 2B para dibujar —por encima de la mitad del papel— la línea de los ojos que pasa por el centro de cada pupila, después dibuja el eje vertical formando ángulos rectos con la línea de los ojos. Aunque parezca que el modelo nos esté mirando de frente, de hecho, la parte izquierda de la cara es un poco más ancha que la parte derecha.

Ojos Marca cada pupila. Esta dimensión determinará el tamaño del retrato acabado. Dibuja ligeramente el iris de cada ojo y los párpados, estudiando su forma, ya que no son exactamente simétricos. Con cuidado, observa la distancia entre los ojos. Esboza el ángulo desde la pupila hasta el lagrimal, lo que a su vez te ayudará a dibujar la forma del párpado inferior, que tapa un poco la base del iris. Los párpados inferiores son mucho más planos si se comparan con los superiores, más curvados. Marca ligeramente los reflejos de los ojos.

Cejas Para determinar su longitud, marca el ángulo desde el rincón de cada ojo y el lagrimal hasta la ceja. Advierte cuál es la distancia desde el párpado superior y la ceja y su curva y después dibújalas.

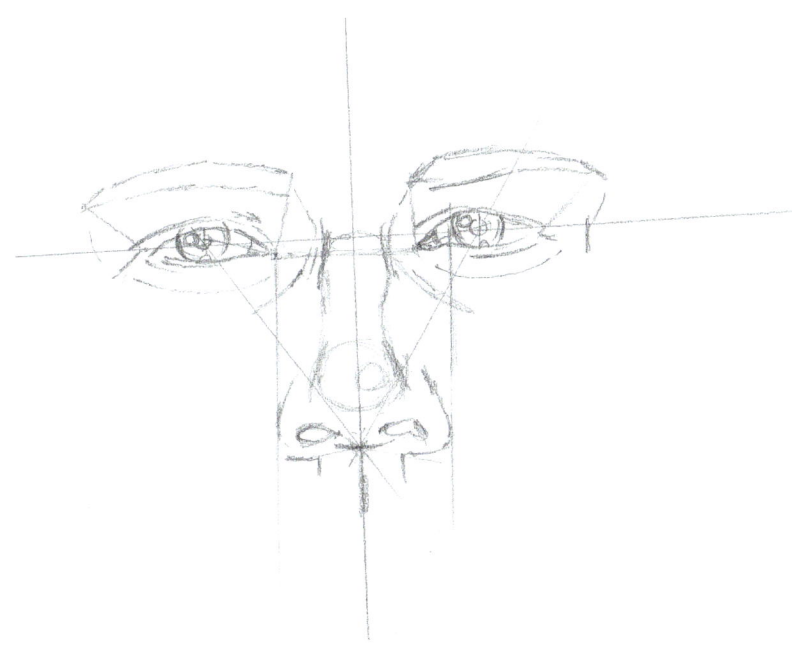

2 **Nariz** Para determinar la longitud de la nariz, mide el ángulo desde la pupila izquierda hasta la base de la nariz y dibuja ligeramente la diagonal; después repite el proceso para el otro lado. Las líneas se cruzarán en la base de la nariz. Sostén el lápiz en vertical en un lateral de la nariz y observa por dónde intersecta con el ojo, tras ello, haz la misma operación en el otro lado. Ahora dibuja la nariz, fijándote sobre todo en la punta y en los brillos.

3 **Boca** Para posicionar el centro de la boca, utiliza el sistema de medición triangular desde las pupilas —tal y como hicimos con la nariz— o mide la distancia a partir de la base de la nariz hasta el centro de los labios. Para determinar el ancho de la boca, traza unas líneas verticales, como hicimos antes, desde la comisura de la boca hasta los ojos. No hay que pasarse al trazar los labios, porque de hecho, el labio inferior está muy poco marcado. La línea que separa el labio superior del inferior es ligeramente ondulada y hay que dibujarla con cuidado. Para comprobar que el ancho de la boca sea el correcto, mide el ángulo hasta el rincón del ojo y ajústalo si es necesario. Las comisuras de la boca son más oscuras y redondeadas y debería dibujarse un rabillo hacia arriba para vislumbrar una sonrisa.

Barbilla Mide la distancia desde el labio inferior hasta la base de la barbilla y compárala con otra medición, como por ejemplo, la distancia desde el lagrimal izquierdo hasta el centro de la pupila derecha. Convierte esta proporción en el dibujo. Ahora dibuja la barbilla y la línea de la mandíbula.

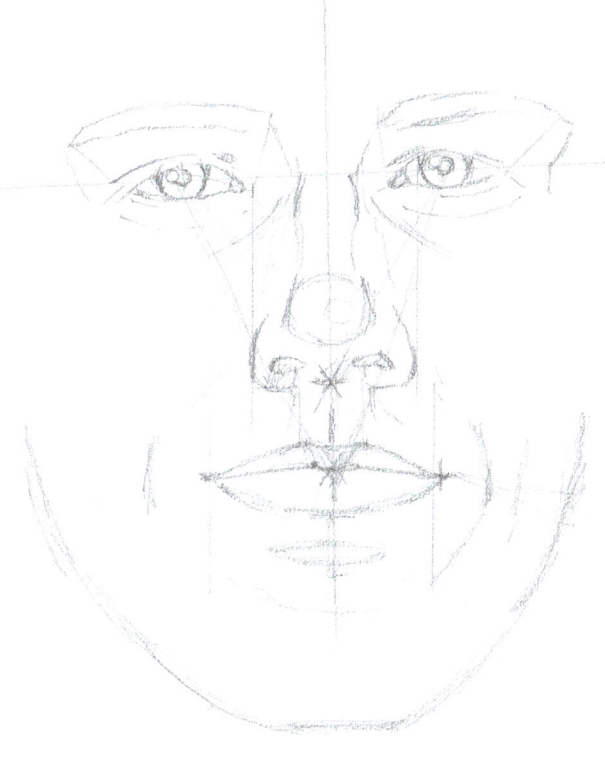

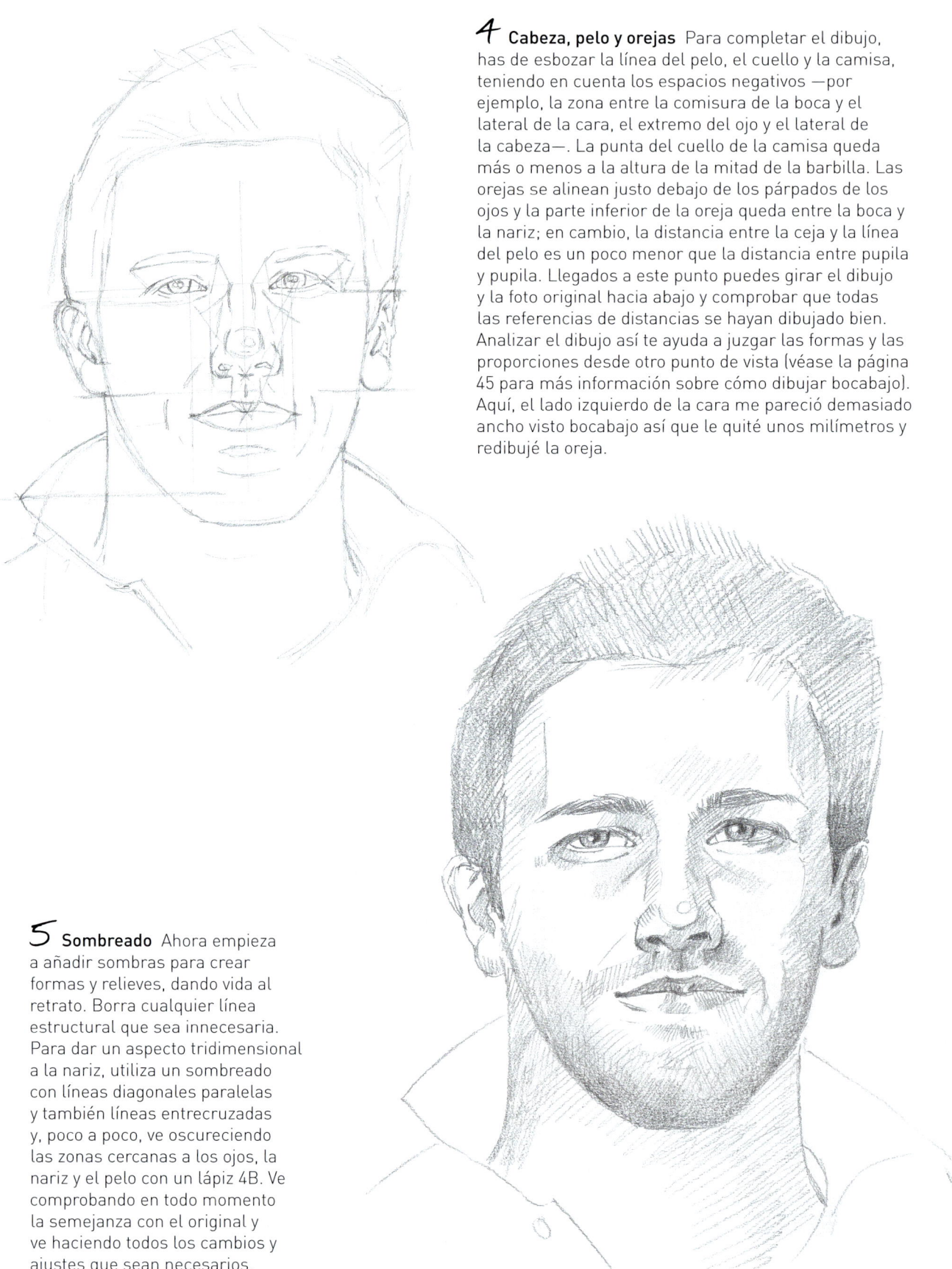

4 Cabeza, pelo y orejas Para completar el dibujo, has de esbozar la línea del pelo, el cuello y la camisa, teniendo en cuenta los espacios negativos —por ejemplo, la zona entre la comisura de la boca y el lateral de la cara, el extremo del ojo y el lateral de la cabeza—. La punta del cuello de la camisa queda más o menos a la altura de la mitad de la barbilla. Las orejas se alinean justo debajo de los párpados de los ojos y la parte inferior de la oreja queda entre la boca y la nariz; en cambio, la distancia entre la ceja y la línea del pelo es un poco menor que la distancia entre pupila y pupila. Llegados a este punto puedes girar el dibujo y la foto original hacia abajo y comprobar que todas las referencias de distancias se hayan dibujado bien. Analizar el dibujo así te ayuda a juzgar las formas y las proporciones desde otro punto de vista (véase la página 45 para más información sobre cómo dibujar bocabajo). Aquí, el lado izquierdo de la cara me pareció demasiado ancho visto bocabajo así que le quité unos milímetros y redibujé la oreja.

5 Sombreado Ahora empieza a añadir sombras para crear formas y relieves, dando vida al retrato. Borra cualquier línea estructural que sea innecesaria. Para dar un aspecto tridimensional a la nariz, utiliza un sombreado con líneas diagonales paralelas y también líneas entrecruzadas y, poco a poco, ve oscureciendo las zonas cercanas a los ojos, la nariz y el pelo con un lápiz 4B. Ve comprobando en todo momento la semejanza con el original y ve haciendo todos los cambios y ajustes que sean necesarios.

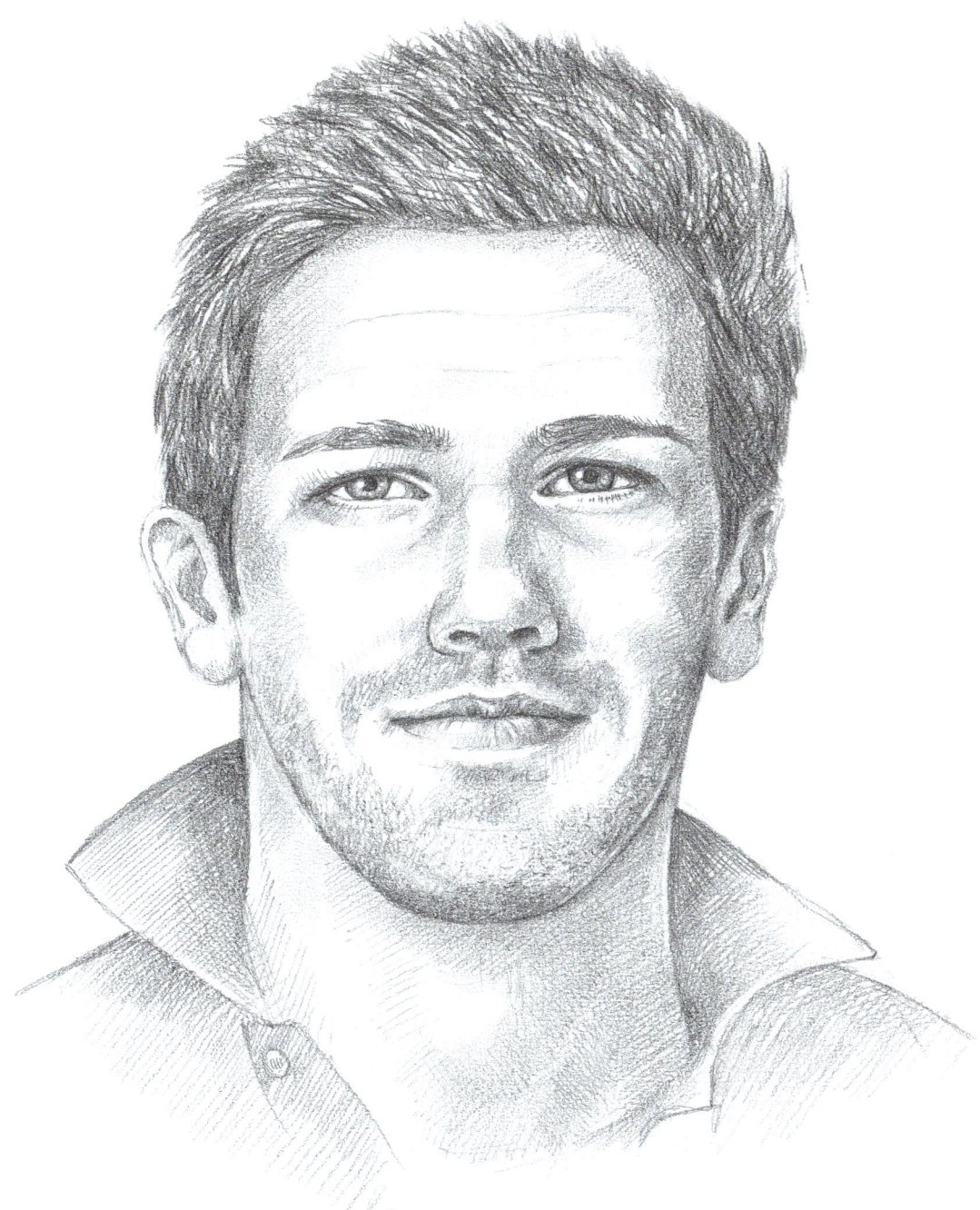

El dibujo final

Para completar el dibujo, he aumentado el contraste tonal para que el retrato de Sam pareciese más real. He empleado un lápiz 4B para hacer marcas vigorosas que simulasen su pelo de punta. Las marcas de sombreado han añadido personalidad y variedad al dibujo. En algunas zonas, como las mejillas y la frente, he difuminado el grafito con el dedo para crear un efecto más suave y después, con una pequeña goma he dado forma a los reflejos y también he esbozado algunas líneas finas.

Con un lápiz afilado he oscurecido las pupilas, el borde del iris y la línea del labio superior. Aunque la camisa de Sam era negra, en el dibujo la he sombreado hasta crear un color gris medio, oscureciendo un poco la camisa alrededor del cuello. Con la punta del lápiz he hecho unos puntitos sobre el labio superior y la barbilla, además de conseguir unos reflejos con la goma sobre la mandíbula derecha. Determinar cuándo se ha acabado el retrato dependerá de tu experiencia, pero si ya estás satisfecho con la semejanza y la calidad del dibujo, entonces es momento de dejarlo, ya que a veces retocar en exceso tiene efectos negativos.

Personalidad y expresión

Se crean una increíble variedad de expresiones faciales gracias a la multitud de músculos que estiran y contraen el tejido facial. Cambiar sutilmente la forma de los ojos y la boca puede crear unas diferencias abismales en la expresión de una persona: tristeza, felicidad, pavor, sorpresa o incredulidad.

Las siguientes páginas muestran únicamente algunos ejemplos de las muchísimas expresiones que podemos crear con la cara.

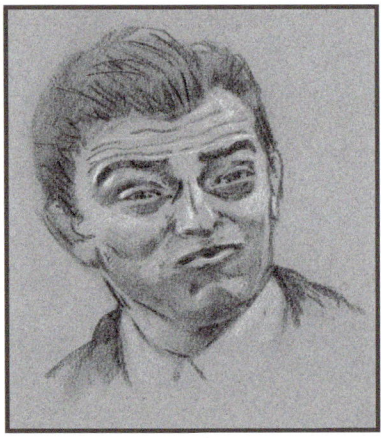

Escepticismo

Observa cómo las cejas contraen la frente, las mejillas se agrandan y la barbilla queda empujada hacia fuera.

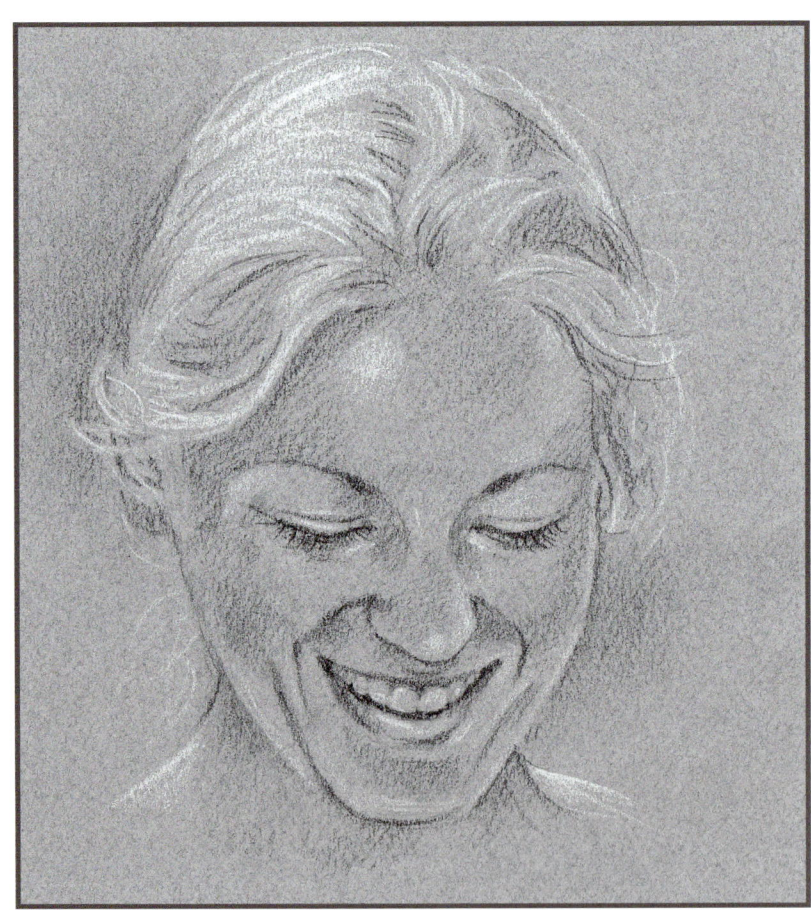

Alegría

La pose inclinada crea una visión en escorzo de los rasgos faciales: los ojos, que miran hacia abajo, pueden parecer cerrados, para evitarlo puedes dibujar el iris.

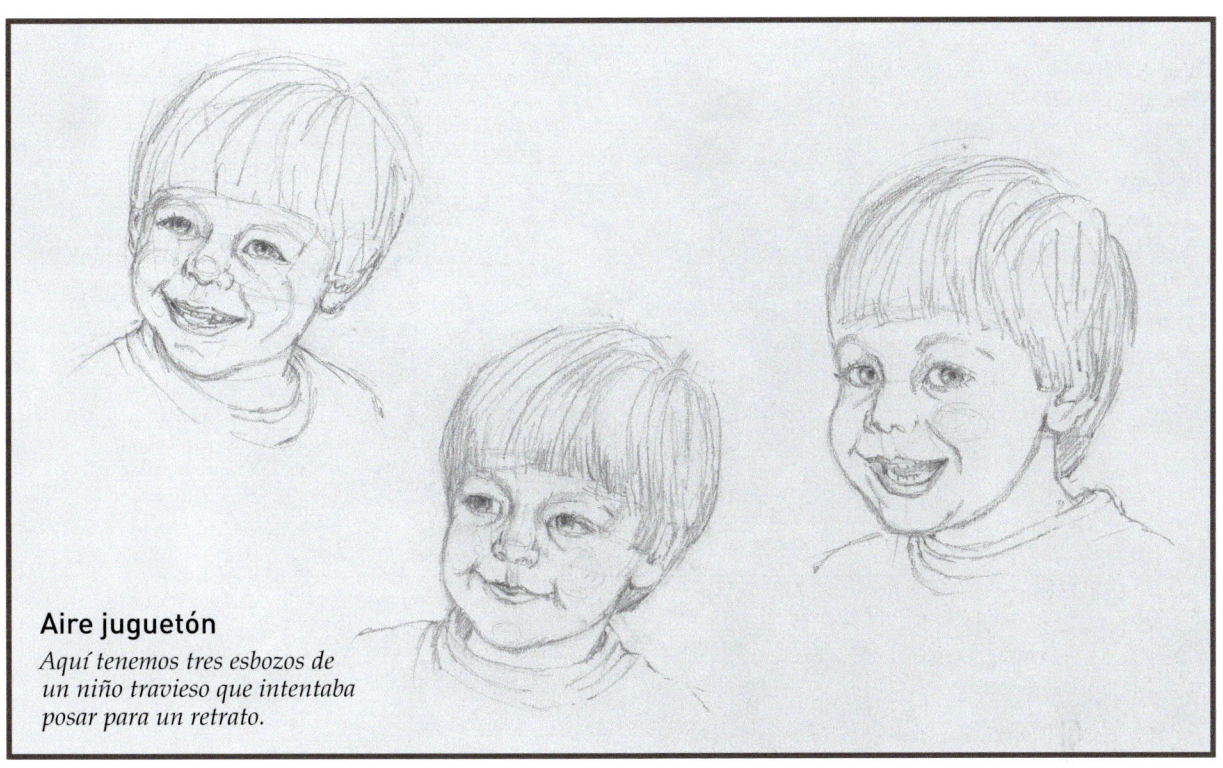

Aire juguetón

*Aquí tenemos tres esbozos de
un niño travieso que intentaba
posar para un retrato.*

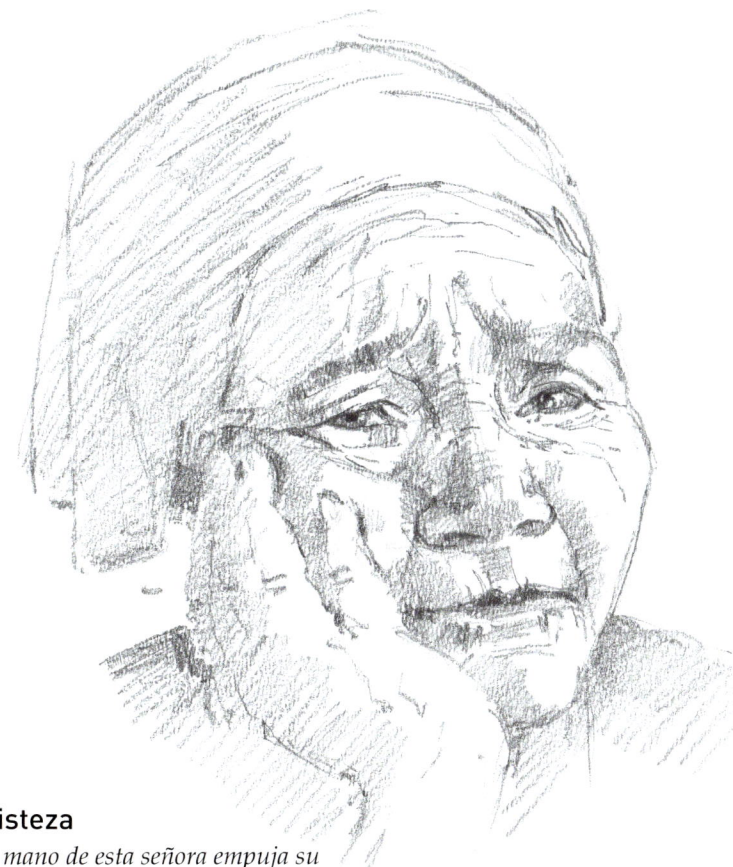

Tristeza

*La mano de esta señora empuja su
mejilla hacia arriba, exagerando las
arrugas de su piel.*

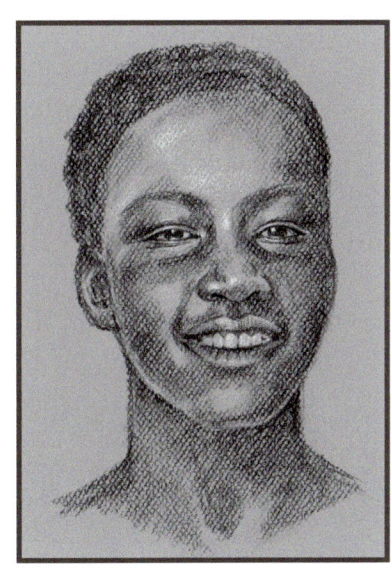

Felicidad

*Una sonrisa suave, que muestra los
dientes, pero sin cerrar los ojos.*

53

Diversión

La amplia sonrisa de este señor empuja las mejillas hacia arriba, empequeñeciendo los ojos. Un rayo de sol crea interesantes contrastes en la cara.

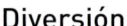

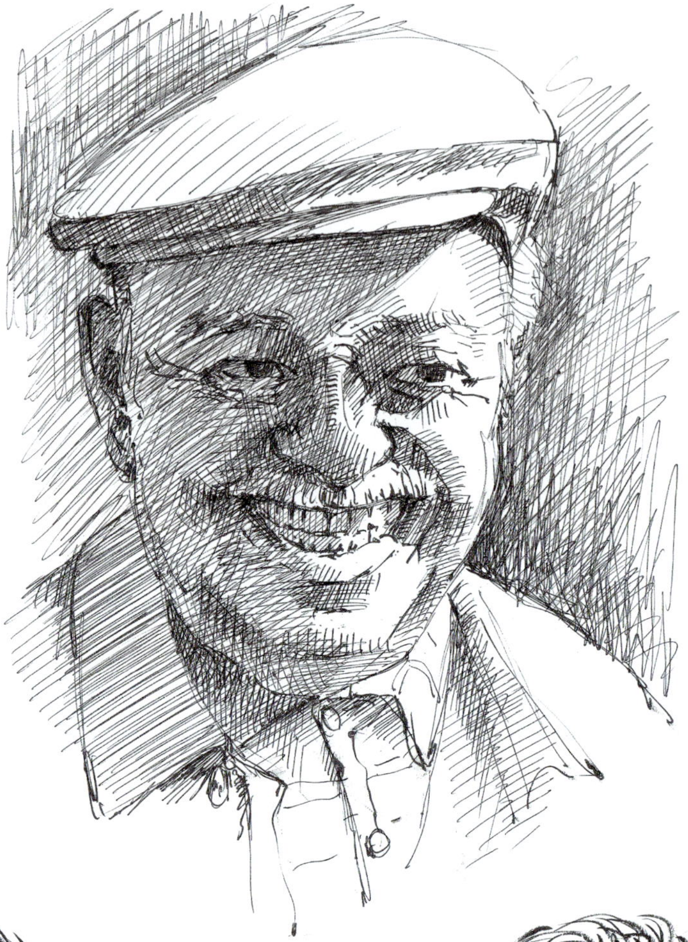

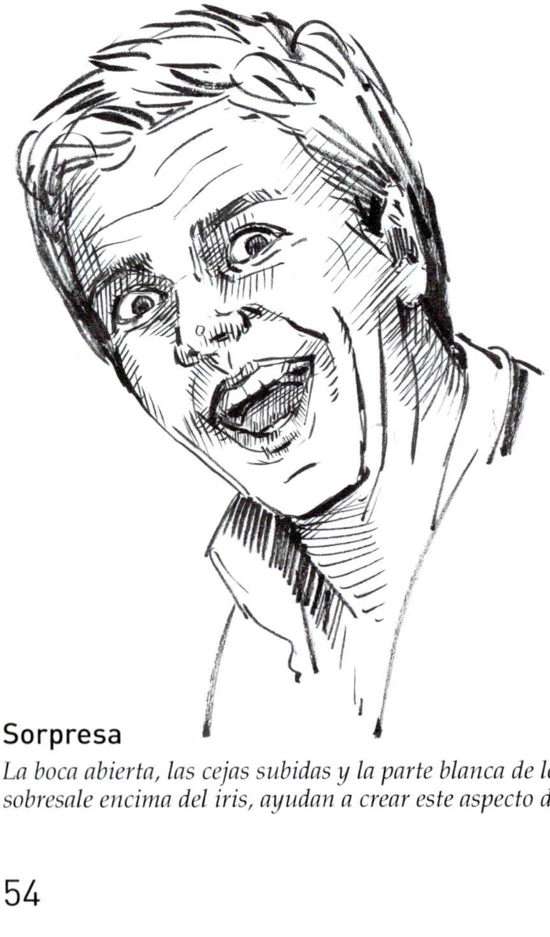

Sorpresa

La boca abierta, las cejas subidas y la parte blanca de los ojos, que sobresale encima del iris, ayudan a crear este aspecto de perplejidad.

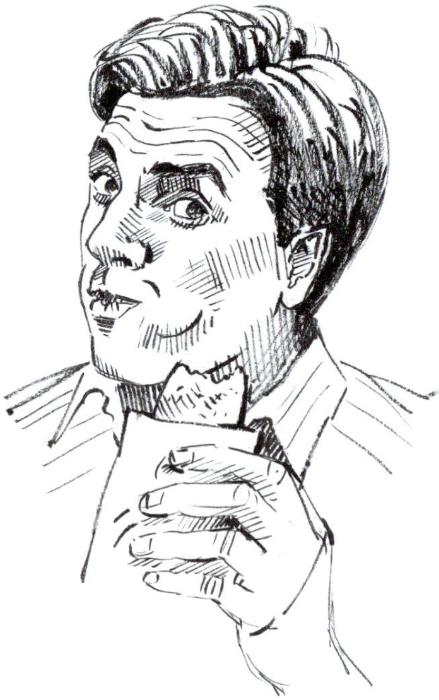

¡Está de rechupete!

Las cejas levantadas y la boca distorsionada debido a los abultados mofletes crean una expresión cómica.

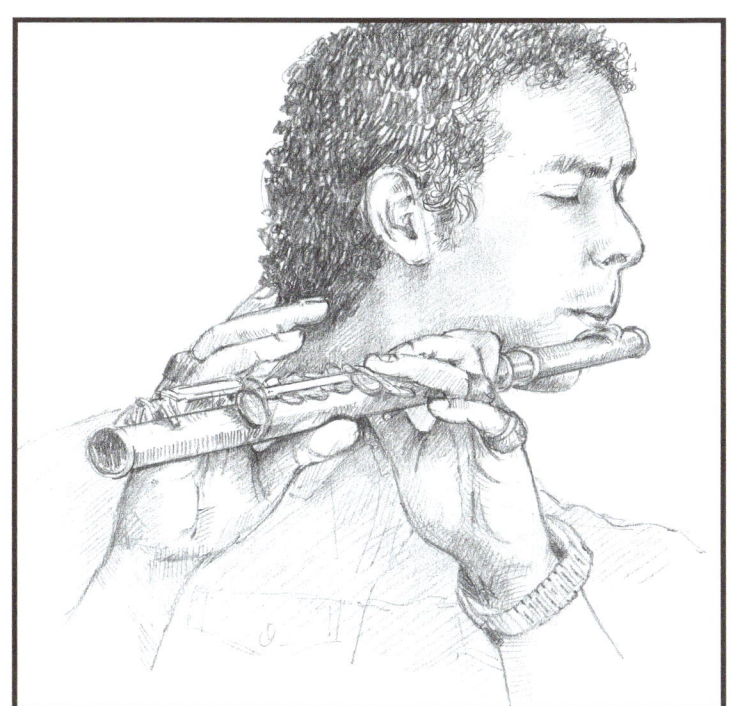

Concentración
Los ojos están cerrados para que solo la música tenga relevancia.

Consejo

Busca en un periódico y haz esbozos de diferentes expresiones faciales. Puede que no sean tu concepción de retrato ideal pero sin duda constituye un buen ejercicio de observación.

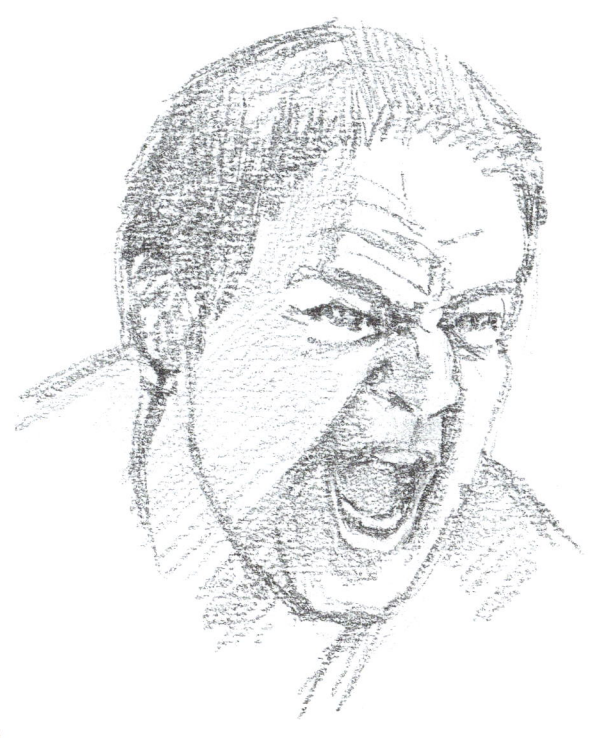

Ira
El ceño está fruncido y la boca abierta de par en par, presionando las mejillas hacia arriba que, a su vez, comprimen los ojos.

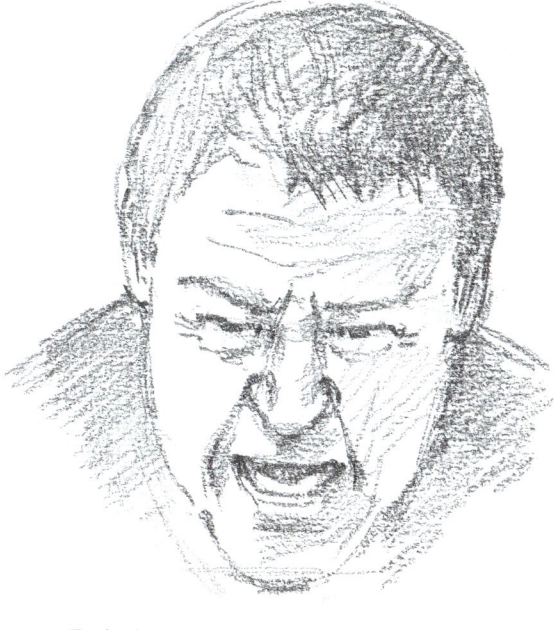

Enfado
Es parecida a la expresión de la izquierda, ya que también vemos que se bajan las cejas. La barbilla está inclinada hacia adelante con una expresión amenazadora.

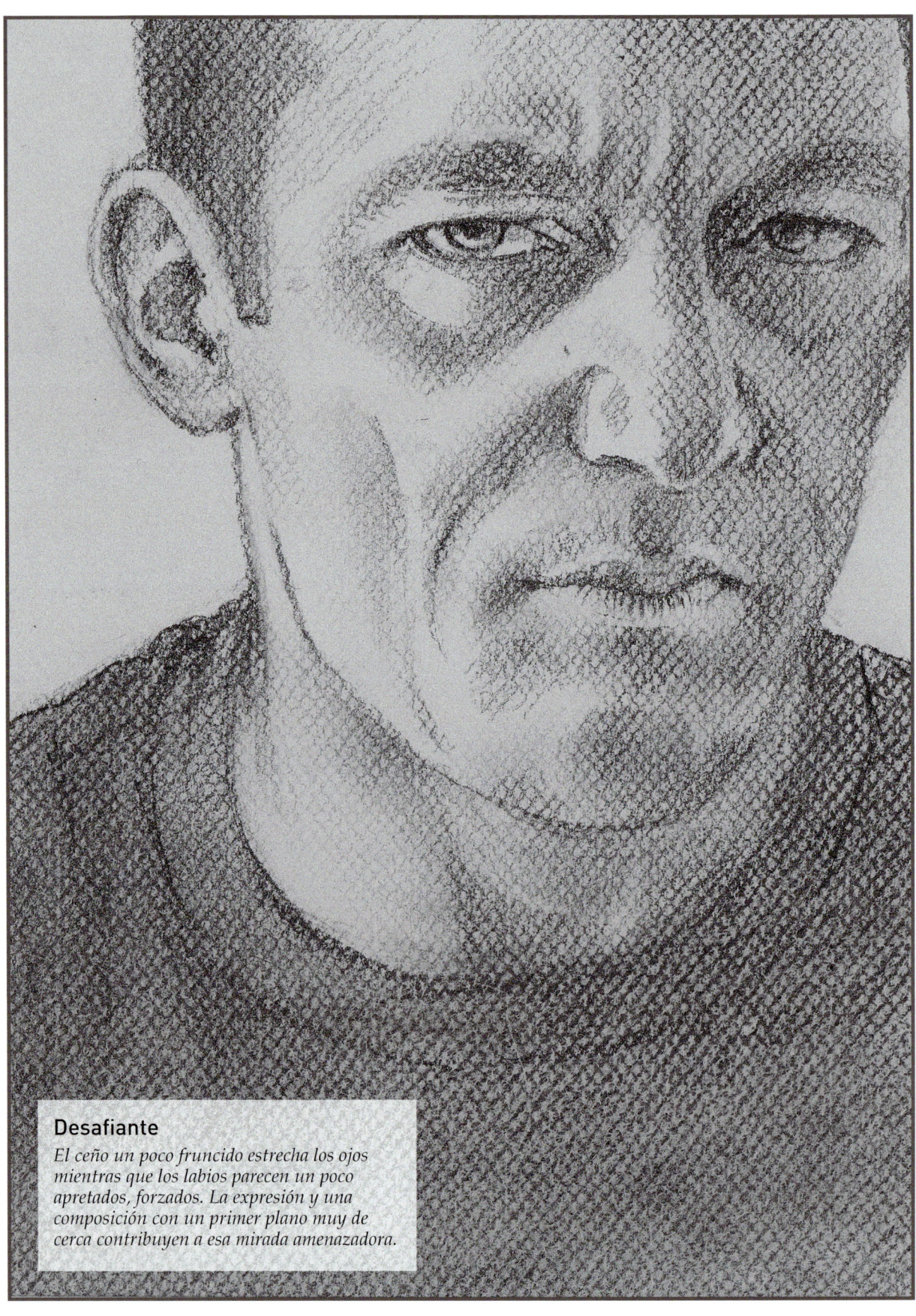

Desafiante

El ceño un poco fruncido estrecha los ojos mientras que los labios parecen un poco apretados, forzados. La expresión y una composición con un primer plano muy de cerca contribuyen a esa mirada amenazadora.

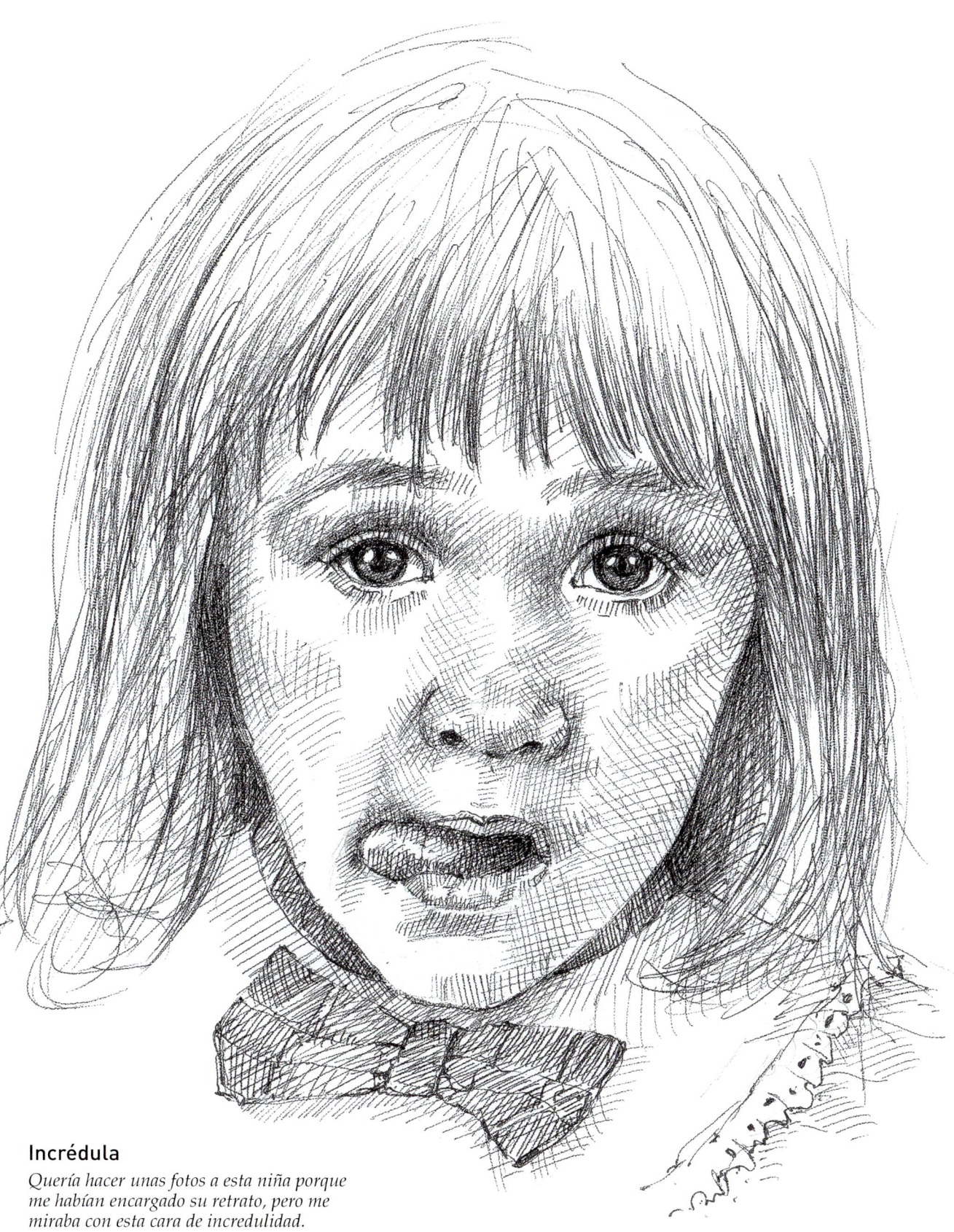

Incrédula

*Quería hacer unas fotos a esta niña porque
me habían encargado su retrato, pero me
miraba con esta cara de incredulidad.*

En movimiento

ESBOZOS

«El esbozo rápido es el resultado del entusiasmo y la inspiración, mientras que un cuadro es el producto del trabajo, la paciencia, un estudio minucioso y una experiencia consumada en arte»
Denis Diderot, 1767.

«(Un esbozo) está a caballo entre el pensamiento y un objeto acabado»
Samuel Taylor Coleridge.

Si quieres mejorar sus capacidades artísticas, empezar a hacer bocetos y esbozos rápidos debería formar parte de una actividad diaria. Hacer dibujos rápidos mejorará tus habilidades de observación, mejorará tu rapidez y tu memoria visual. Un bloc de dibujo será tu diario personal donde podrás experimentar, enfrentarte a retos, cometer errores y a no preocuparte demasiado por los resultados. Será una especie de álbum fotográfico, un documento con gente, lugares y acontecimientos de tu vida que te interesen.

Cualquier cosa que llame tu atención puede incluirse en tu bloc. Será un recordatorio y una referencia valiosísima que te permitirá poner a prueba nuevas ideas que se te ocurran, jugar con nuevos materiales y con nuevas temáticas antes de ponerte manos a la obra a elaborar un dibujo que requiera mucho más trabajo. Además, lo más importante de todo es que ¡te divertirás muchísimo!

Cora en un rincón con sombra

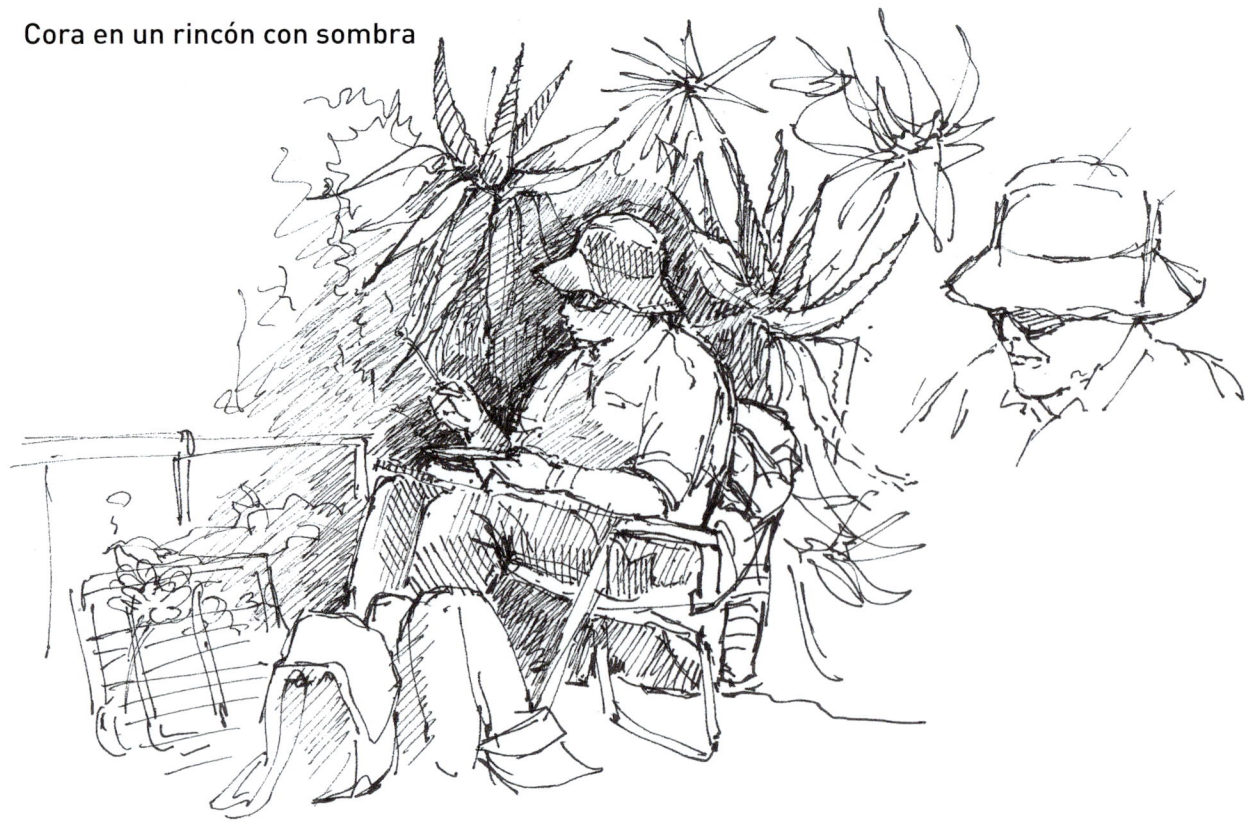

Los lectores

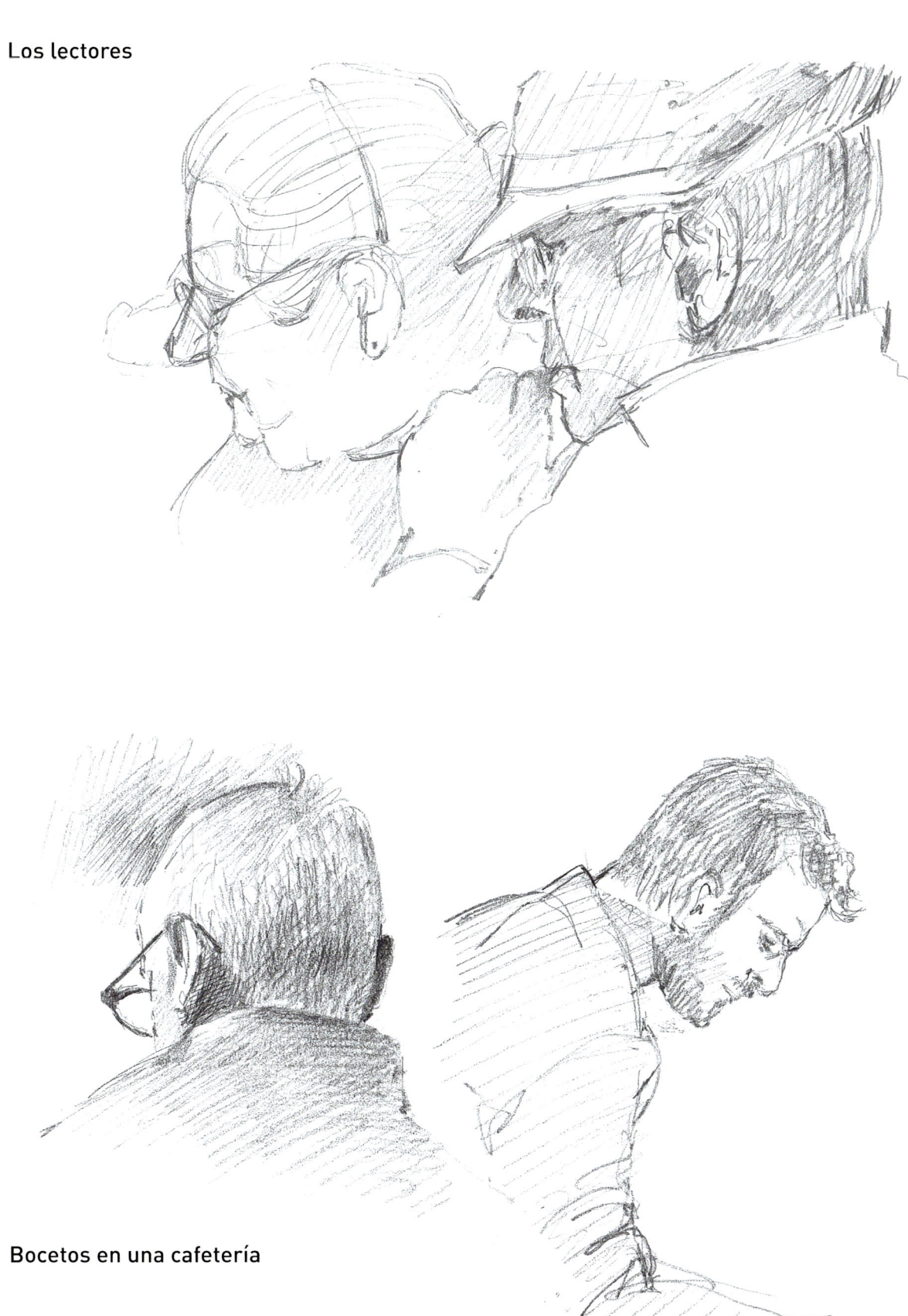

Bocetos en una cafetería

UTILIZAR FOTOGRAFÍAS

Aunque tu memoria visual sea muy precisa, siempre resulta muy difícil retener la imagen de un momento transitorio, las expresiones faciales o el efecto de la iluminación. Trabajar a partir de fotografías a veces nos da la sensación de que «estemos haciendo trampa», pero siempre y cuando no copies sin ningún tipo de originalidad, será una buena fuente de referencia. Los artistas que prefieren trabajar en vivo a veces utilizan la fotografía para referenciar algún detalle concreto como la ropa, las joyas o el fondo. Si utilizas una imagen «preparada» también podrás adoptar la posición más adecuada en tu superficie de trabajo.

Captar expresiones fugaces

Aunque trabajar con momentos reales seguramente sea la mejor manera de observar y plasmar la personalidad de alguien, muchas veces las fotografías nos ayudan; la cámara puede captar un momento preciso en un segundo, una mirada, una sonrisa, una risa o una reacción fugaz que no podría quedar reflejada de ningún otro modo. Me encanta ese aspecto liberador de la fotografía, de la expresión congelada. Algunos ejemplos de retratos captados a partir de fotografías de momentos especiales los tenemos aquí.

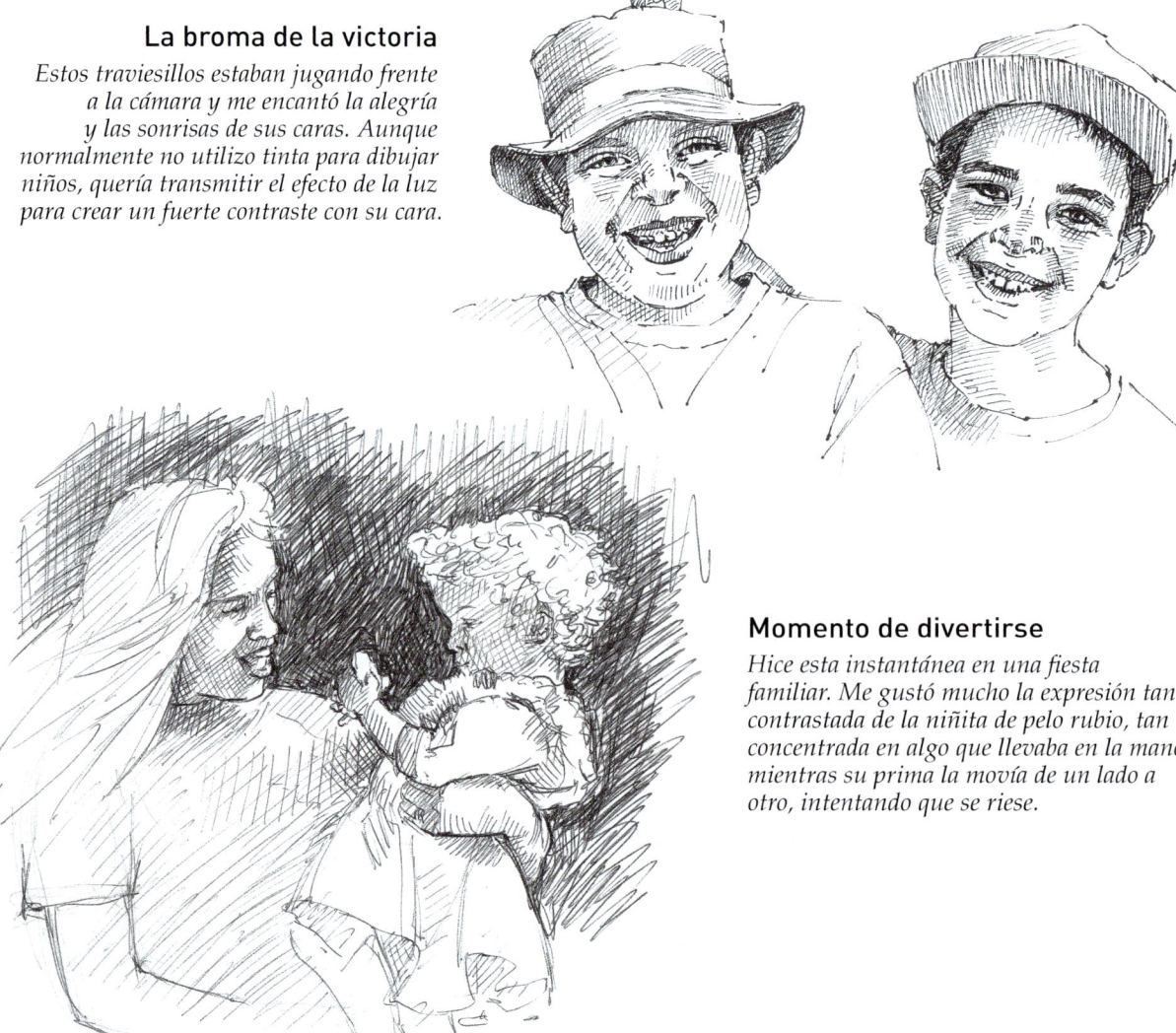

La broma de la victoria

Estos traviesillos estaban jugando frente a la cámara y me encantó la alegría y las sonrisas de sus caras. Aunque normalmente no utilizo tinta para dibujar niños, quería transmitir el efecto de la luz para crear un fuerte contraste con su cara.

Momento de divertirse

Hice esta instantánea en una fiesta familiar. Me gustó mucho la expresión tan contrastada de la niñita de pelo rubio, tan concentrada en algo que llevaba en la mano, mientras su prima la movía de un lado a otro, intentando que se riese.

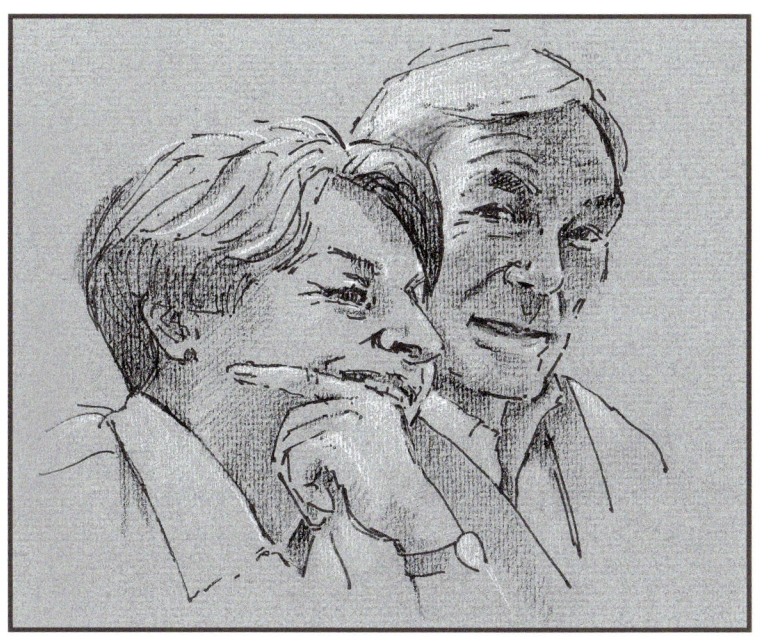

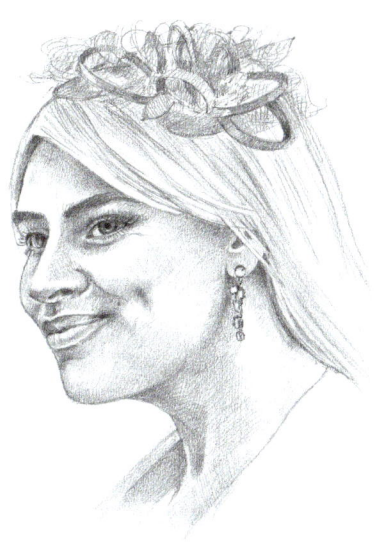

Ann y Stewart

Me gusta hacer fotografías naturales en las que la gente ni siquiera se percate de que están siendo retratados. Aquí, Ann está enfrascada en una conversación con otra persona al otro lado del salón, pero Stewart se ha dado cuenta de mi cámara y está sonriendo.

De boda

Las lentes de la cámara pueden captar expresiones naturales en las que no se está posando que, sin duda, constituyen una magnífica fuente de referencia.

El desfile

Cerca de nuestra casa en la Bretaña hay muchas tradiciones y celebraciones locales. Hice estas fotos del desfile de granjeros que se dirigían a la cosecha y me gustó la relación de amistad que se vislumbraba entre los dos hombres mientras caminaban.

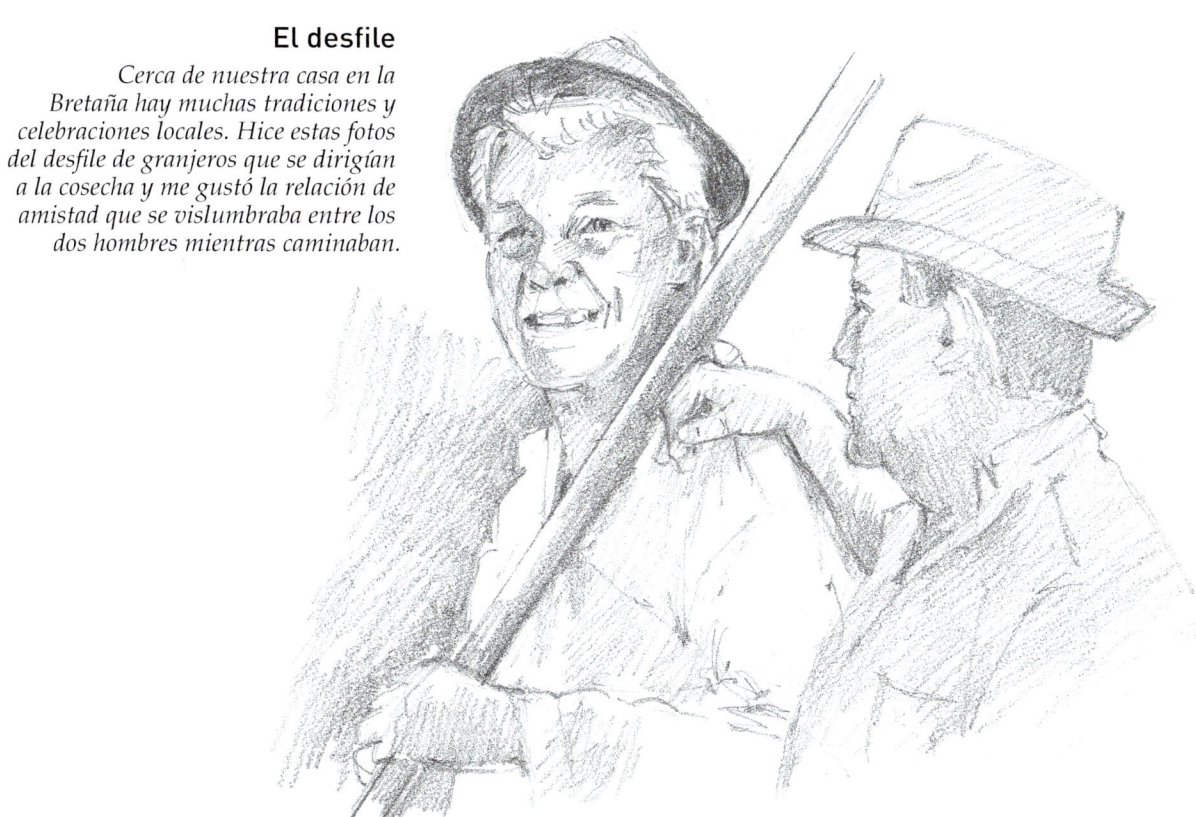

Utilizar una cuadrícula para redimensionar una fotografía

Se trata de una manera muy sencilla y directa de agrandar —o reducir— una imagen utilizando una cuadrícula ya preparada. Es un método infalible que te ayudará a situar la cabeza y los rasgos con precisión, a la vez que tendrás libertad para dibujar a mano alzada. Incluso podrías utilizar una cuadrícula para ampliar una imagen hasta un tamaño enorme para pintar por ejemplo, un mural en una pared. Sin embargo, es esencial que te asegures de que la imagen ampliada mantenga las proporciones de la fotografía.

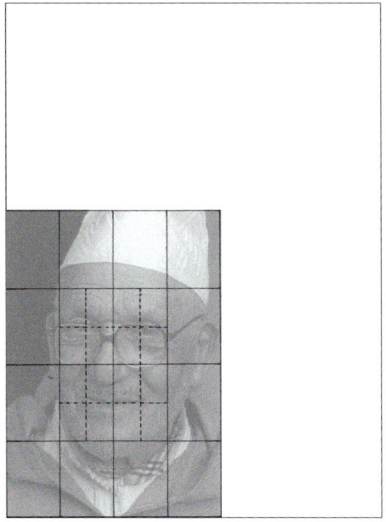 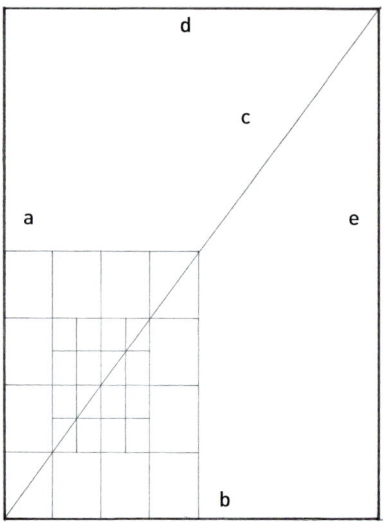 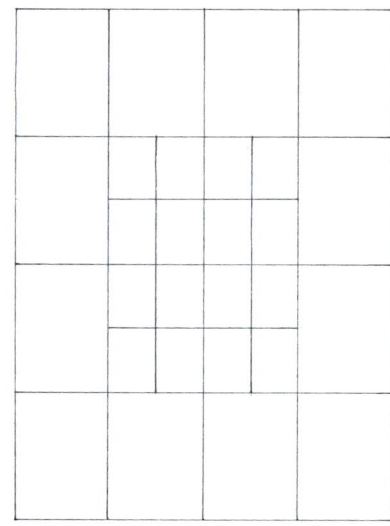

1 Coloca un papel de calcar sobre la fotografía y dibuja un rectángulo encima de la zona seleccionada. Divide el ancho por la mitad, después otra vez por la mitad y haz lo mismo también con la profundidad, hasta crear una cuadrícula con dieciséis rectángulos. Divide la zona de los rasgos en más rectángulos para lograr mayor precisión. En este caso, se trata de la zona central, tal y como se muestra.

2 Dibuja dos líneas sobre la superficie de trabajo, de manera que formen ángulos rectos entre sí (a, b). Coloca la cuadrícula que has dibujado en el papel de calcar en el rincón izquierdo, alineándola con el ángulo recto dibujado. Traza una diagonal (c) en la cuadrícula partiendo de la esquina izquierda inferior y llegando a la esquina derecha superior, de manera que atraviese toda la superficie de trabajo. En algún punto de la diagonal, dibuja unas líneas perpendiculares (d, e) a las líneas a y b para determinar el tamaño de la superficie de trabajo, que estará en proporción a la fotografía.

3 Divide esta zona más grande en una cuadrícula igual que hiciste con el papel de calcar y después subdivide las zonas de rasgos en dieciséis cuadrículas.

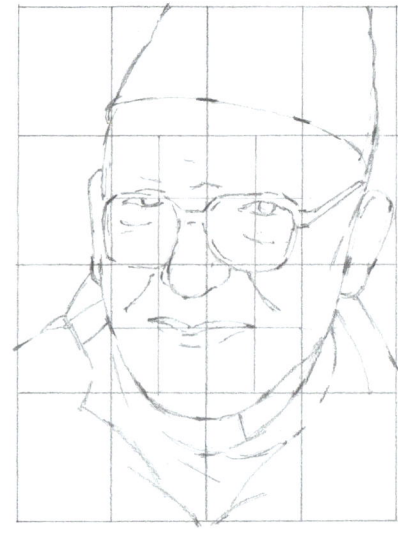

4 Sitúa el papel de calcar de nuevo encima de la fotografía como hicimos en el paso 1. Observa dónde cruzan la imagen las líneas de la cuadrícula y, empezando desde arriba, traza el retrato en la cuadrícula mayor.

5 Cuando hayas acabado de trasferir la imagen, borra las líneas de la cuadrícula y continúa con el dibujo.

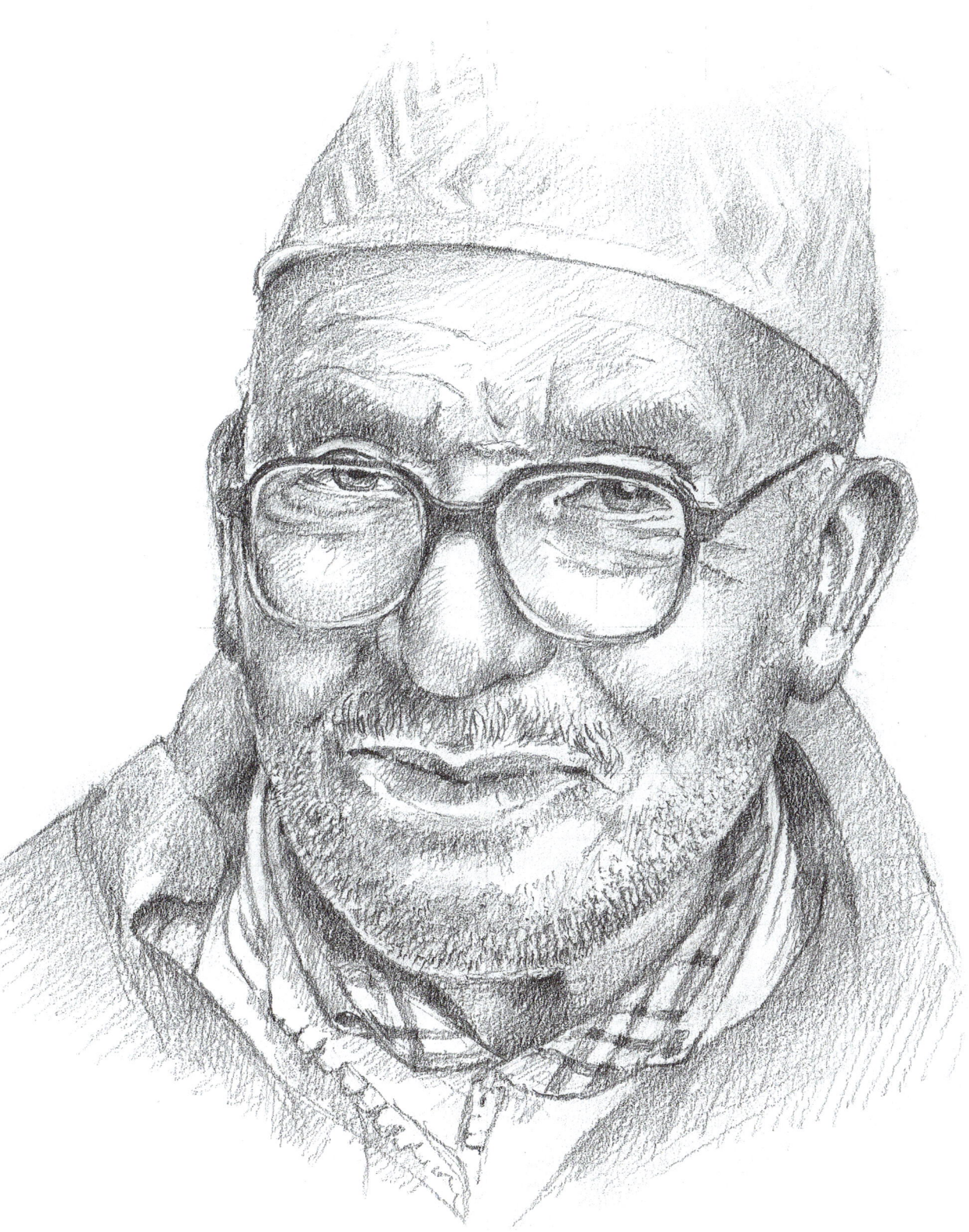

Rosie

Hice muchos bocetos de Rosie y también le hice algunas fotos. Acabé utilizando una de ellas para hacer una fotocopia ampliada. Es una forma fácil y rápida de producir una imagen precisa. Aunque aquí en un principio solo repasamos un contorno, cada fase nos presentará nuevas oportunidades de observar y explorar a nuestro modelo en vez de hacer del retrato un proceso mecánico. En todo momento tienes que comparar la similitud con la fotografía original que, sin duda, tendrá unos detalles más claros que la fotocopia.

MATERIALES

Papel de calcar
Cinta adhesiva
Lápiz 2B
Papel para pastel de color gris
Tablero para dibujar
Papel carbón
Bolígrafo
Lápices pastel: negro y blanco
Goma
Difumino

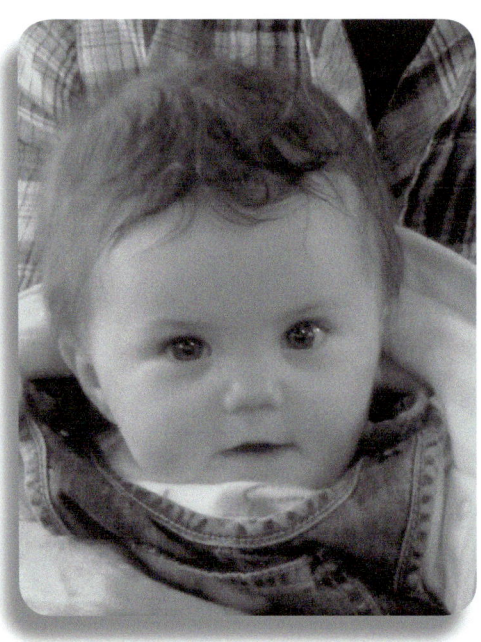

La fotografía original que sirve de base para el retrato.

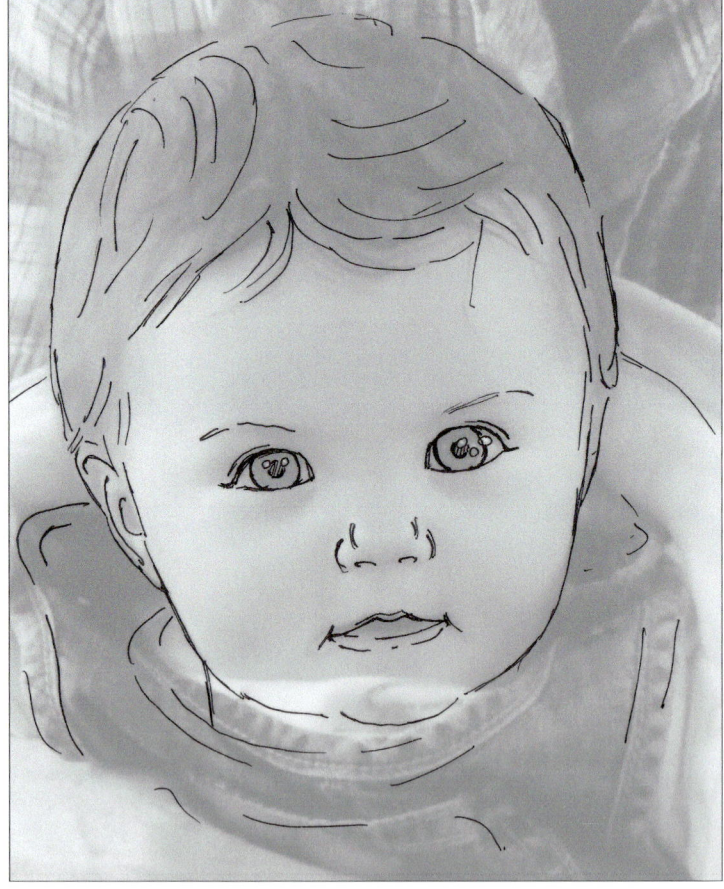

Trazar la imagen Con la cinta coloca el papel de calcar sobre la fotografía en la parte superior. Ahora calca el contorno de la imagen con lápiz, dejando fuera las sombras. Comprueba la similitud con la fotografía original, ya que pueden haber detalles que se hayan perdido en el proceso de fotocopiar. Marca la posición de los reflejos.

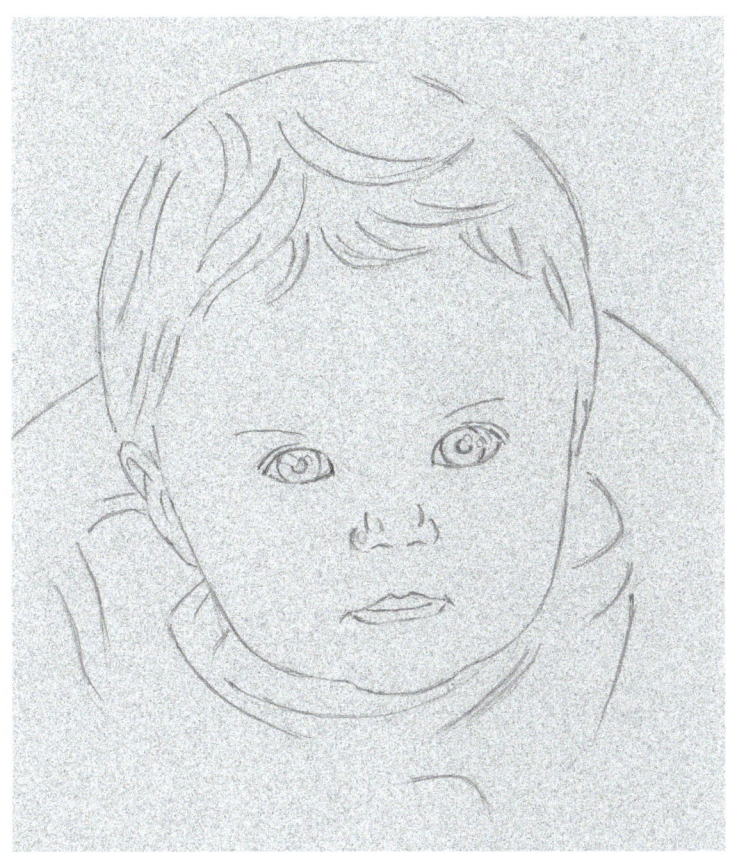

2 En el tablero fija con el adhesivo el papel en el que dibujarás con los colores pastel, con la parte suave hacia arriba. Eleva la parte superior del tablero para inclinar la superficie de trabajo. Mantén siempre cerca la fotografía que te servirá como referencia, alineada al papel.

Transferir la imagen Coloca el adhesivo en la parte superior del papel para pastel. Desliza el papel carbón por debajo —con la parte oscura hacia abajo— y, utilizando un bolígrafo, dibuja por encima de las líneas hechas con el lápiz. Levanta el papel de calcar para comprobar que la imagen se esté transfiriendo bien y, si es necesario, aplica más presión, pero con cuidado de no dañar la superficie del papel. Comprueba siempre con el original la semejanza y ajusta la imagen como sea conveniente.

Consejo

Trabaja con mucho cuidado. Puede que creas que calcar una fotografía sea un método infalible para producir un retrato preciso pero la menor marca, reflejo o sombra en el lugar equivocado alterará la similitud.

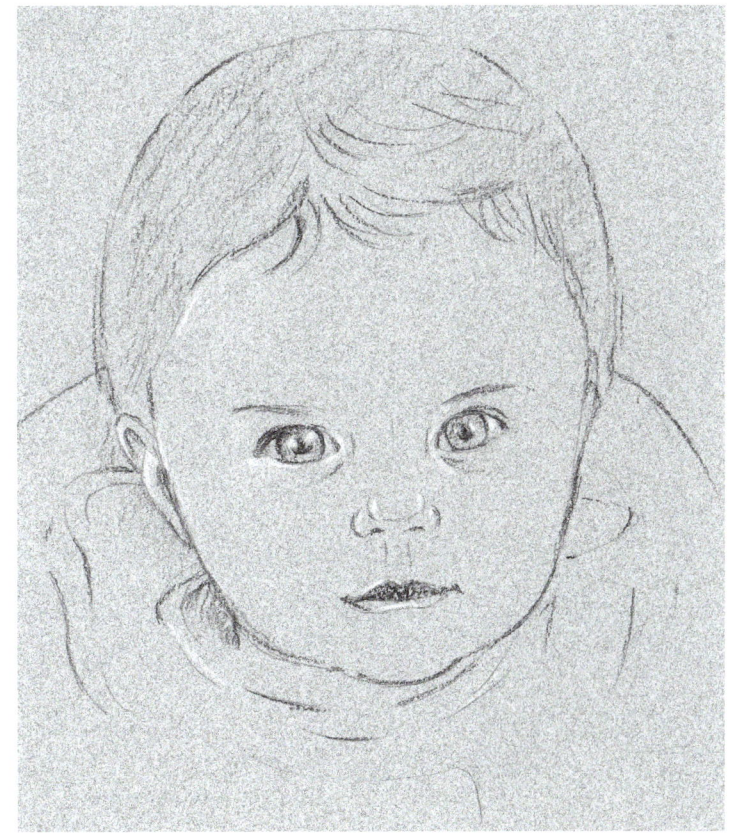

3 Reflejos Empieza utilizando el lápiz pastel blanco para dibujar los reflejos más visibles —en los ojos, en la nariz y en las mejillas—; es esencial llevar a cabo este paso ahora, ya que el lápiz blanco no es efectivo sobre el lápiz pastel negro.

Desarrollo Cambia al lápiz pastel negro para redibujar el contorno. Utiliza marcas direccionales para imitar el crecimiento del pelo y las cejas con trazos delicados; un adjetivo clave a la hora de realizar el retrato de un niño.

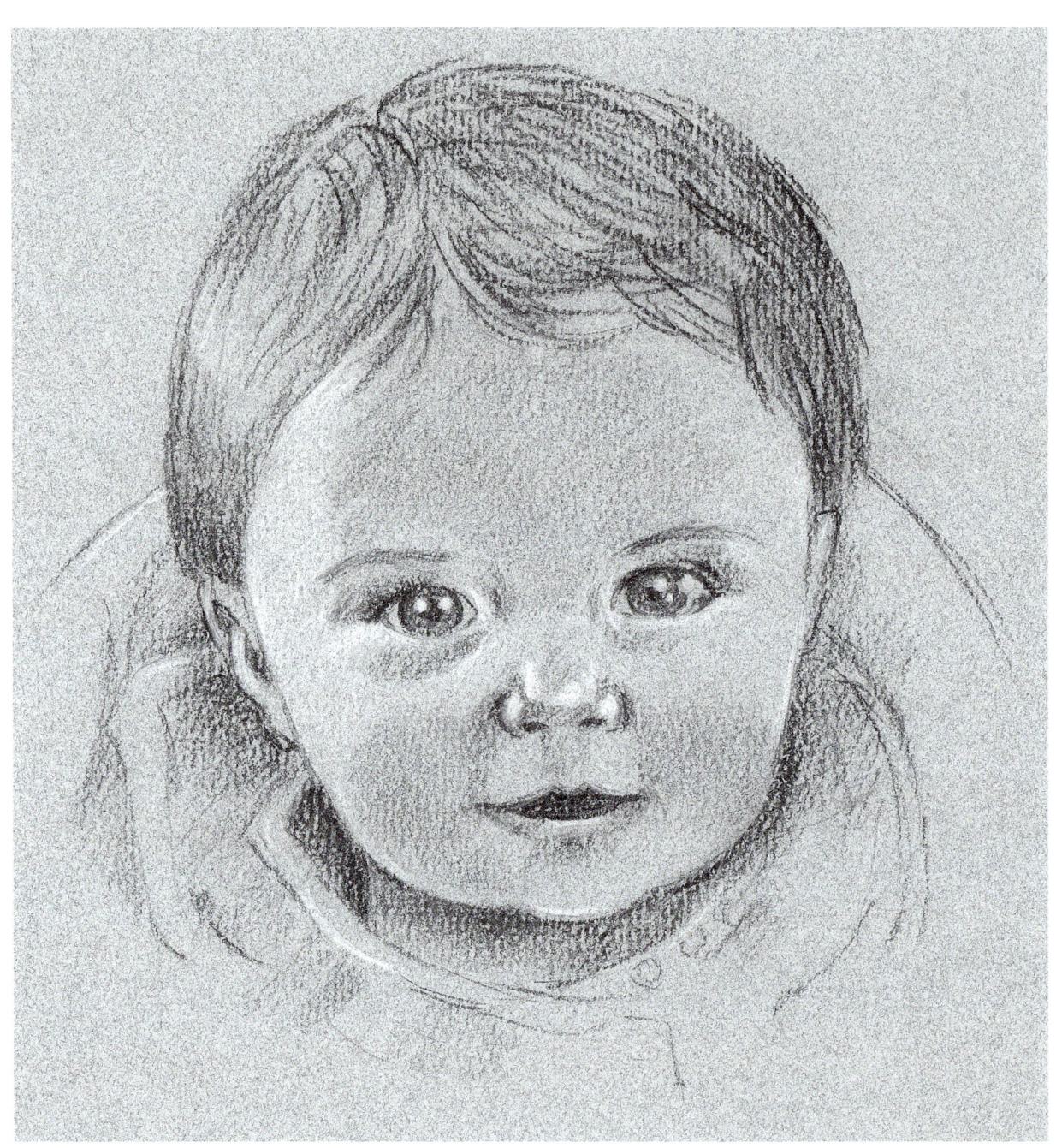

4 **Aumentar el contraste tonal** Aclara las zonas más claras con lápiz pastel blanco y después las zonas más oscuras con lápiz pastel negro, permitiendo así que el papel gris también haga su trabajo con los tonos intermedios. Puedes hacer reflejos con la goma y, si hay alguna zona demasiado oscura, darle luminosidad con unos toquecitos de goma.
Difuminar Utiliza el difumino para difuminar algunas pequeñas zonas oscuras como los ojos, la boca, el pelo y la ropa.

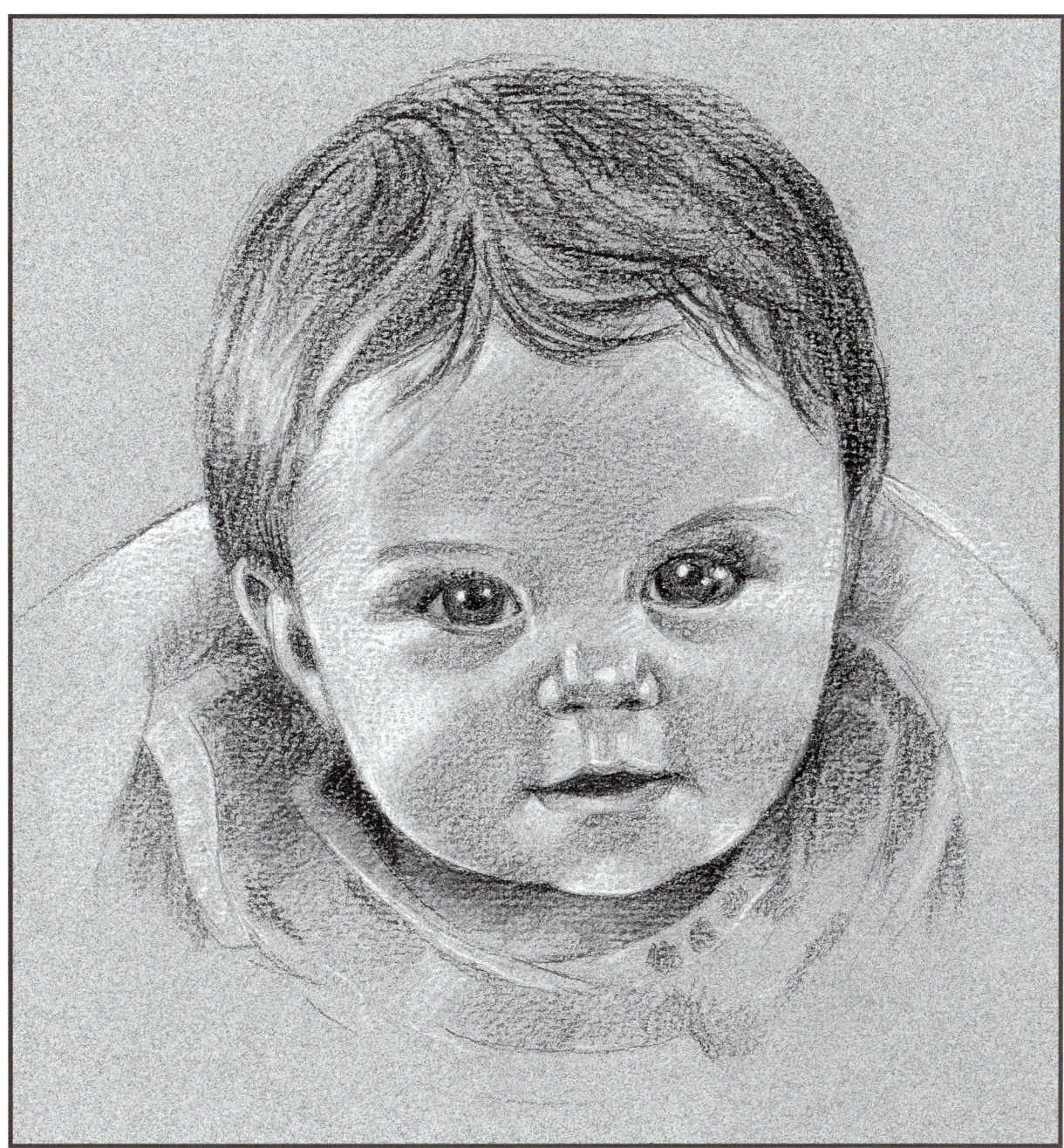

El dibujo final

Para completar el retrato, añade suficientes detalles de sombreado en la ropa como para que se sepa que se trata del cuello de la ropa y se vea la línea del cuello sin acentuar demasiado las zonas. Aumenta algunos reflejos para mejorar la forma de la cabeza y, por último, vuelve a aplicar reflejos blancos en los ojos. Para evitar manchas o borrones, pulveriza un espray fijador sobre el dibujo y después cúbrelo con una hoja de papel para protegerlo cuando el espray fijador se haya secado.

Consejo

Apártate cuando creas que el retrato ya esté prácticamente acabado para ver si realmente necesitas añadir algo más.

Dibujar al natural

TRABAJAR CON UN MODELO AL NATURAL

Si vas a trabajar con un modelo al natural, habrá una serie de consideraciones que te resultarán útiles:

- Habla antes con el modelo sobre la ropa que debería llevar; por ejemplo, una camisa o una blusa, ropa no muy oscura o sin estampado.

- Elige una silla adecuada, que dicte la pose. En un sillón, por ejemplo, se consigue una pose mucho más relajada que en una silla con respaldo recto, que es idónea para poses formales.

- Decide el fondo, si será liso o con algún estampado, luminoso u oscuro para que contraste con el tono de la ropa del modelo y su tono de piel.

- Considera la iluminación. Debería provenir de una única fuente, ligeramente difuminada y estar ligeramente por encima de la altura de la cabeza del modelo. La iluminación artificial se controla mucho mejor que la luz de día.

- Indica al modelo el tiempo durante el que estará sentado. Por ejemplo, haremos una sesión de 2 horas con pausas de 5 minutos cada 20 o 30.

- Coloca al modelo para conseguir una visión de tres cuartos y colócate mirando ligeramente por encima de él o a la misma altura. Deberías estar a unos 2 m de distancia.

- Pide al modelo que mire a un punto fijo de la sala que quede un poco por encima de la línea de tus ojos.

- Hablar con el modelo no solo hará que conozcas mejor su personalidad, sino que además, evitará que sus músculos faciales cuelguen.

- Haz unas fotografías para poder trabajar el retrato entre sesiones de pose. Es muy útil para ir trabajando detalles en la ropa, el pelo, las joyas o el fondo.

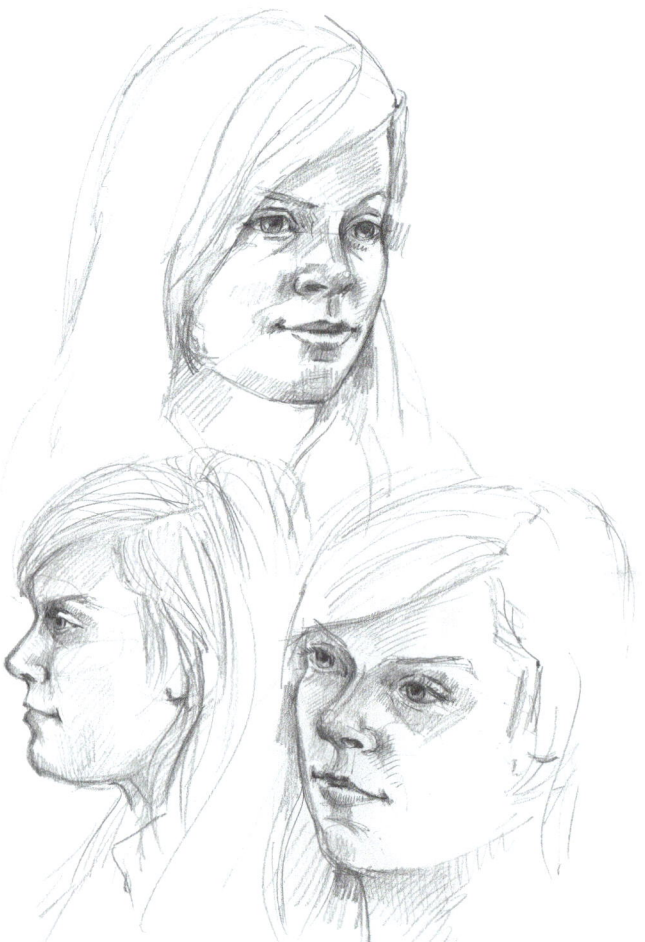

Evitar una expresión fija

Al cabo de un rato, una persona que posa puede quedarse mirando al vacío o tener una expresión aburrida —o incluso dormirse—, lo que transferiría una apariencia apagada, sin vida, al retrato final. Una manera de evitarlo es ir hablando con el modelo mientras se dibuja, si es que puedes concentrarte en ambas tareas. Al pintar los ojos pídele también que mire a un punto fijo.

Tener una televisión que el modelo pueda mirar de fondo o un poco de música —mientras no sea soporífera— será útil para mantener su atención. También puedes poner un espejo detrás de ti para que pueda ir observando el progreso del dibujo.

Los tres ángulos de Lisa

Antes de empezar un estudio minucioso, haz unos cuantos esbozos de calentamiento desde distintos puntos de vista para familiarizarte con todos los aspectos de la cabeza del modelo.

PROPORCIONES DE LA FIGURA

Si estás considerando hacer un retrato de medio cuerpo o de cuerpo entero es importante captar bien las proporciones del cuerpo, al igual que ocurre con la cara.

   El enfoque clásico para medir la figura es evaluar cuántas veces encaja el tamaño de la cabeza en la altura del cuerpo. Estas proporciones actuarán como guía general. En cuanto a los rasgos, una equivocación en las proporciones puede hacer que un niño pequeño parezca un adolescente o viceversa.

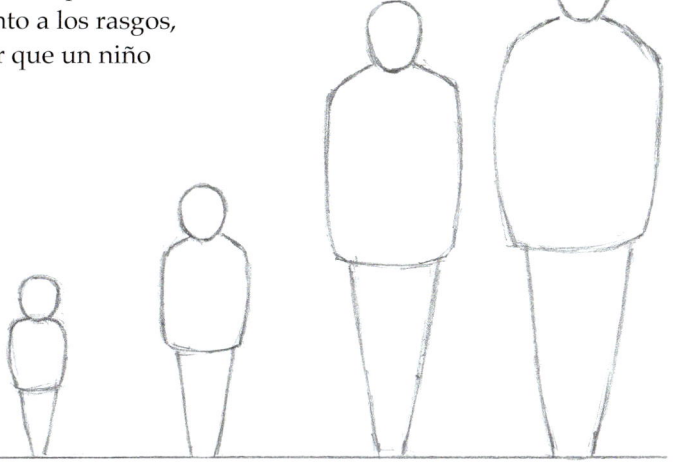

Proporciones aproximadas de la figura

De izquierda a derecha:

1-2 años: cuatro cabezas de altura.

5-6 años: cinco-seis cabezas de altura.

Mujer adulta: seis o seis cabezas y medio de altura.

Hombre adulto: siete o siete cabezas y medio de altura.

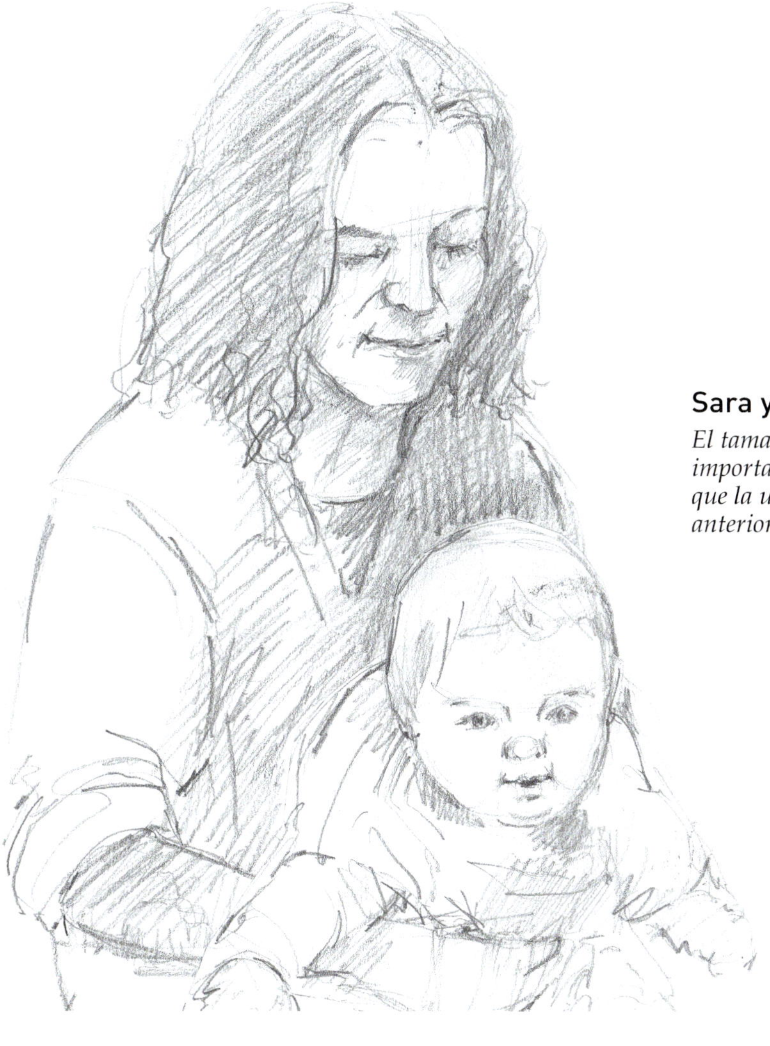

Sara y Rosie

El tamaño relativo de las cabezas también es importante. La de un adulto será más grande que la un niño, pero las proporciones detalladas anteriormente siguen siendo aplicables.

POSE Y LENGUAJE CORPORAL

En los retratos no solo nos enfrentamos al reto de dibujar los rasgos con precisión, sino que la pose y el lenguaje corporal también dictan el tono y la energía del retrato y contribuyen a trasmitir emociones sutiles e intuitivas. La manera en la que alguien se sienta o está de pie dice mucho sobre su personalidad. El lenguaje corporal puede describir la actitud, la expresión y la reacción al observador o a otro modelo: cuando hay dos personas posando para un retrato, la manera en la que interactúan puede ser fascinante (véase *Sara y Rosie* en la página 69 y *Amor de hermanas* en la página 73).

Cuando dibujé a Natalie tenía muchas opciones y aquí abajo muestro algunas de ellas. Ante la elección, a veces es buena idea hacer unos pequeños esbozos, como los que ilustro, para decidir cuál es el mejor enfoque.

Natalie

Aquí tenemos cuatro esbozos de la misma modelo, Natalie, en distintas poses. Están en el sentido de las agujas del reloj, empezando desde la parte superior izquierda.

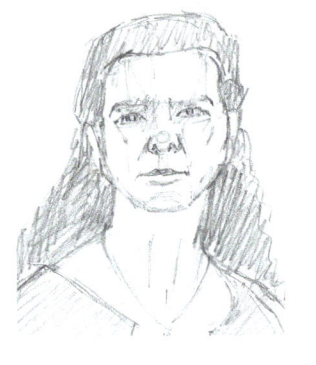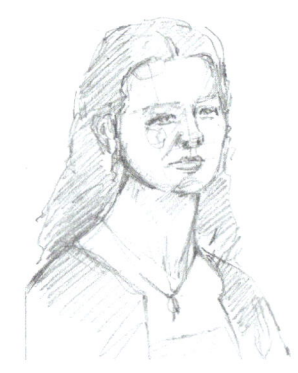

Primer plano *Natalie mira de frente al retratista, con una mirada directa y beligerante, que me parece demasiado dura. Aunque se pueden retratar con detalle la cabeza y los rasgos no creo que este ángulo represente su personalidad.*

Tres cuartos, cabeza y hombros *En este esbozo, Natalie parece estar más cómoda. Es una pose que muestra bien su bello cuello largo, con la cabeza ligeramente inclinada, de modo que observa al retratista pero sin ser demasiado directa.*

Figura entera *Esta pose es bastante formal y Natalie está sentada con corrección pero creo que carece de interés. El fondo y el vestido dominan lo que podría considerarse un buen estudio retratista si hubiese más detalle en la ropa. La cabeza está prácticamente de perfil y no hay conexión ocular con el espectador.*

Media figura *Natalie está sentada recta, con las manos juntas sobre el regazo, pero aun así parece relajada. Su aspecto es de serenidad y contemplación. Me gusta el contraste entre las zonas oscuras e iluminadas, la cabeza y la ropa iluminadas frente a un fondo más oscuro en el lado izquierdo en contraposición a la luz del lado derecho.*

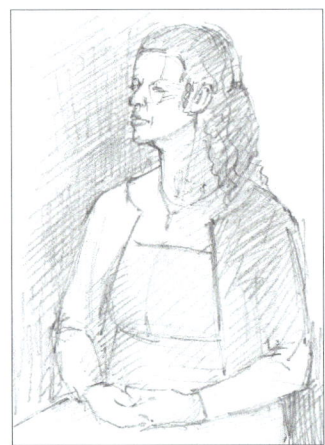

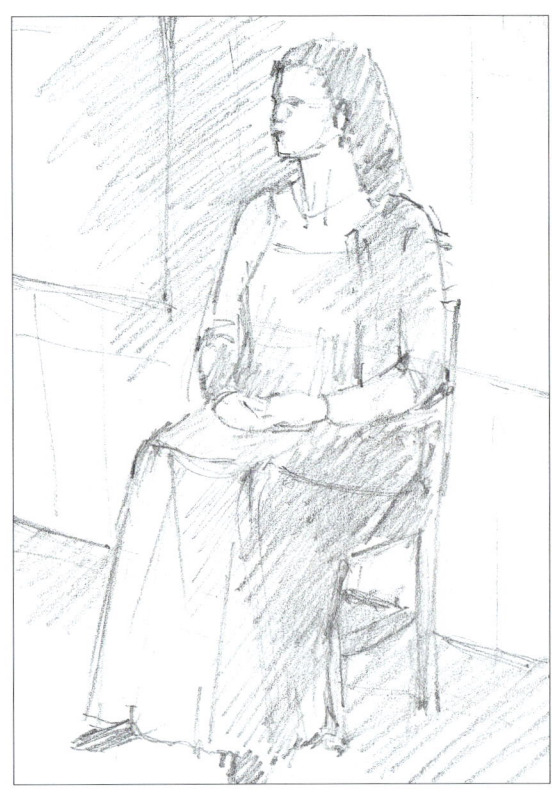

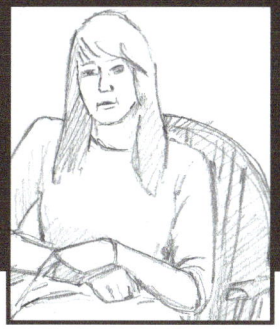

Molly

Molly está sentada con una pose informal y relajada, con las manos cruzadas entre sí. Mira al retratista con una mirada un poco ausente. Me gusta la calma que trasmite este retrato, que contrasta con la pose tan angular.

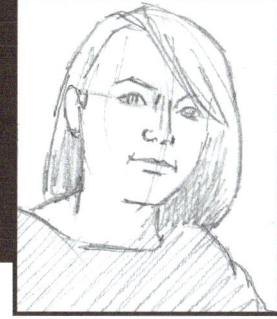

Alice

Se trata de una pose en la que podemos ver la cabeza y los hombros, con la cabeza ligeramente inclinada hacia un lado y el pelo recayendo sobre el hombro. Parece relajada y satisfecha, con una sonrisa que se intuye en sus labios.

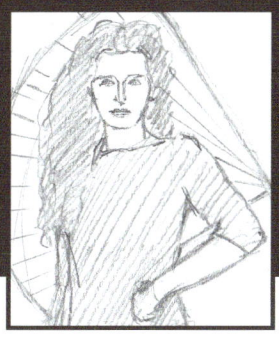

Fan con abanico

Esta pose de pie, con la mano de Fan sobre la cadera, trasmite seguridad en sí misma y poderío, una interpretación que queda reforzada por la mirada atrevida que dirige al espectador. Tener un abanico de fondo crea un juego de palabras en inglés, ya que su nombre «Fan» es igual a la palabra «abanico».

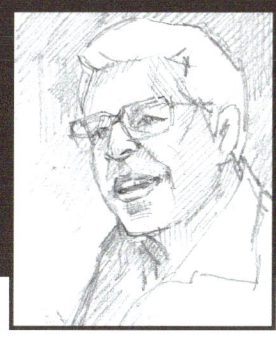

David

Este retrato de tres cuartos de la cabeza y los hombros capta a David hablando con un amigo fuera del objetivo de la cámara. Así se trasmite un retrato animado que ilustra lo útil que puede ser la cámara para captar estos momentos informales que tanto juego dan.

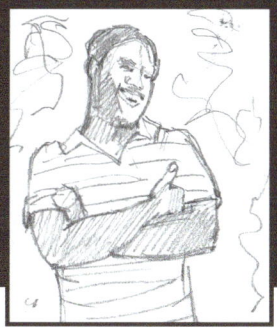

Nathaniel

Nathaniel es un jovial artista, lleno de ironía y humor, con ganas de vender sus obras. En esta pose, con los brazos cruzados y la cabeza inclinada hacia un lado, mira tímidamente a la cámara, permitiendo un estudio muy interesante.

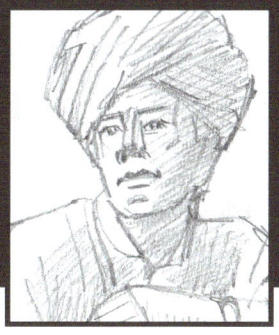

Hombre con turbante

Está agachado, con el brazo rodeando su rodilla. Mira ligeramente al espectador hacia abajo con una expresión altiva y recelosa.

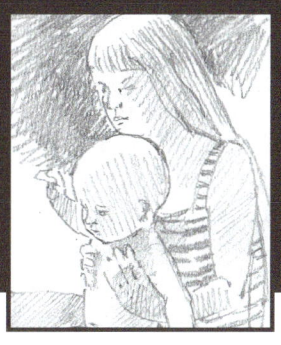

Estudio de dos niños

Este estudio veraniego de dos niños muestra una pose duplicada, ya que los dos están mirando hacia abajo, los dos son rubios y están unidos por las manos de la niña mayor que abraza al pequeño. La pose y el lenguaje corporal de ambos contribuyen a montar un retrato sensible y armonioso.

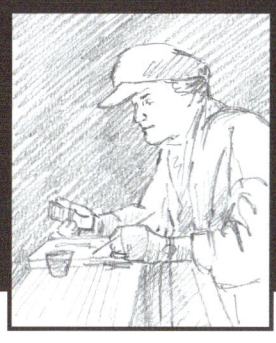

Retrato de Daphne, retrato de una artista

Daphne es una ávida pintora y en este estudio estaba en el puente de la Academia, en Venecia, ajena a las hordas de turistas que pasaban a su lado. Su pose natural muestra su concentración en la tarea que tenía entre manos.

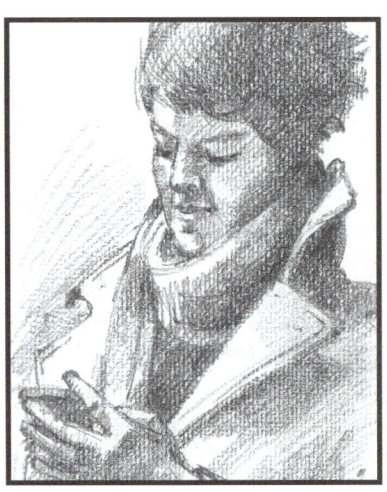

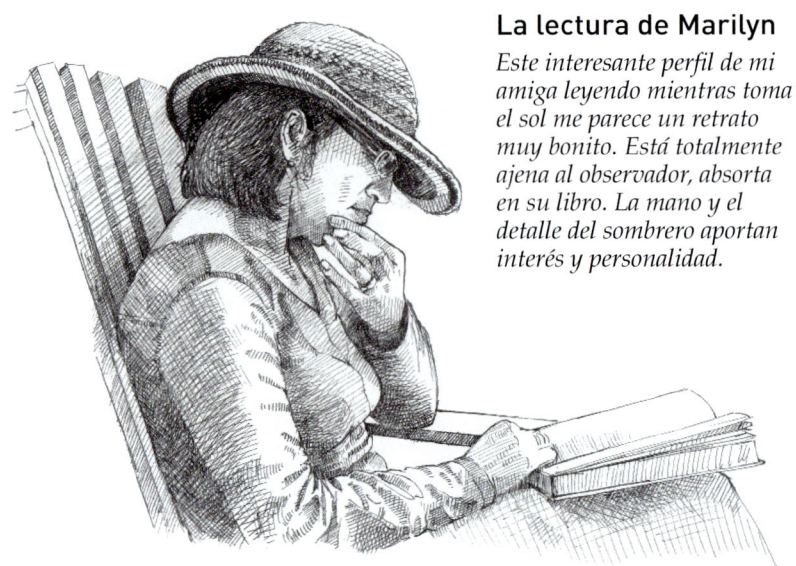

La lectura de Marilyn

Este interesante perfil de mi amiga leyendo mientras toma el sol me parece un retrato muy bonito. Está totalmente ajena al observador, absorta en su libro. La mano y el detalle del sombrero aportan interés y personalidad.

Tor enviando mensajes

Lo atractivo de este retrato es que Tor estaba totalmente enfrascada en los mensajes del móvil cuando le hice la foto. Mira hacia abajo con una mirada concentrada y con una sonrisa en su expresión. La cabeza y el cuerpo se han recortado para acentuar la concentración.

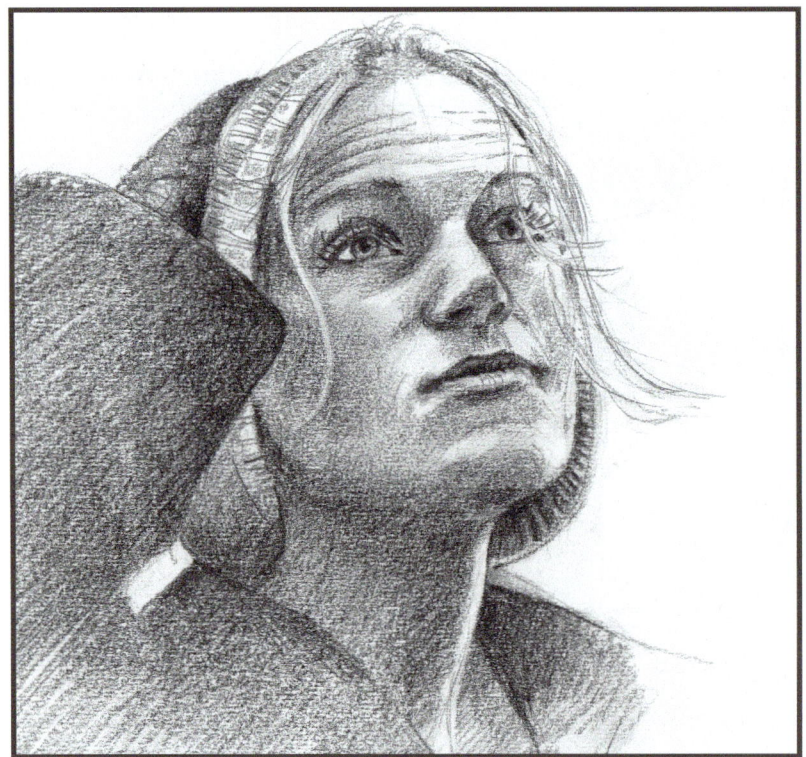

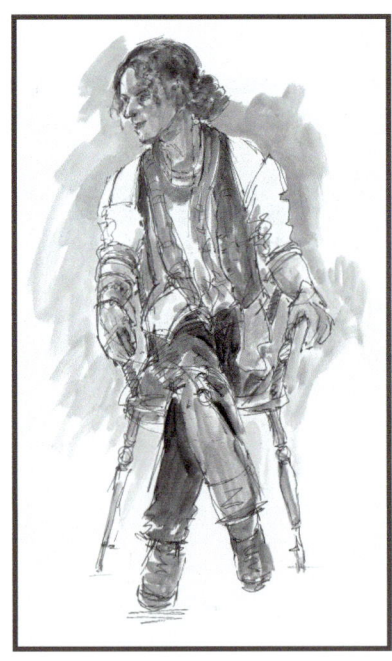

John sentado

Esta figura entera esbozada con pluma y acuarela se realizó en poco tiempo. John está sentado erguido en una silla de madera, con la cabeza girada, hablando con alguien a la izquierda. Su lenguaje corporal trasmite seguridad y atención.

Charity admirando monumentos

Es una pose poco convencional para un retrato, ya que Charity mira hacia arriba mientras sostiene su gorro en un día de mucho viento. Las zonas oscuras del abrigo contrastan con su cara y su pelo rubio.

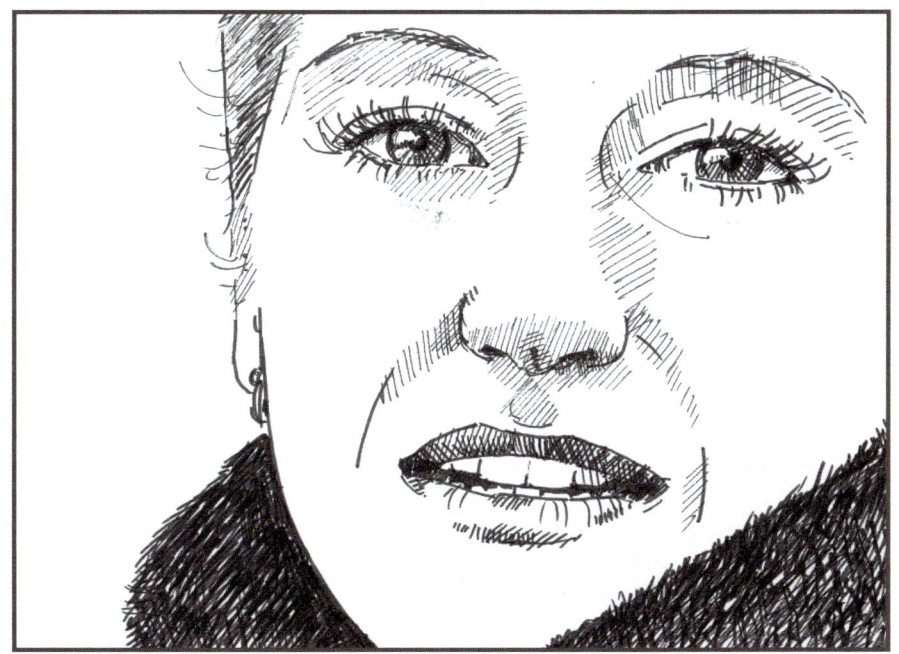

De cerca

Pose directa y segura. Esta joven mira como si estuviese hablando directamente con el observador. Elegí acercarme y cortarle la frente y la barbilla para crear un zum enfatizando sus grandes ojos y su boca parcialmente abierta, enmarcándola en la textura oscura del abrigo. Al dibujarlo con pluma y tinta el efecto deseado queda realzado.

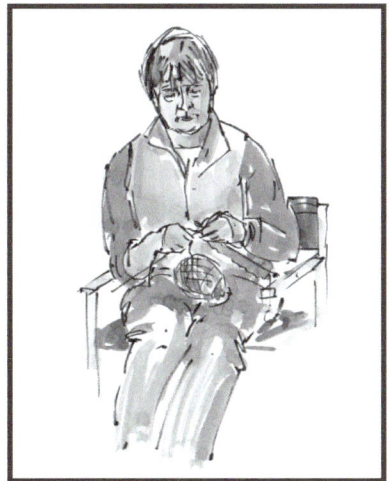

Bridget haciendo punto

Pose natural con pluma y acuarela. Bridget mira hacia abajo mientras trabaja, con una apariencia relajada y ajena al observador.

Amor de hermanas

Mirando pasivamente al espectador, estas jóvenes parecen serenas y calmadas mientras se abrazan mostrando el afecto que se tienen como hermanas. Es un estudio entrañable que he dibujado con lápices pastel en colores blanco y negro sobre papel tintado para lápices pastel.

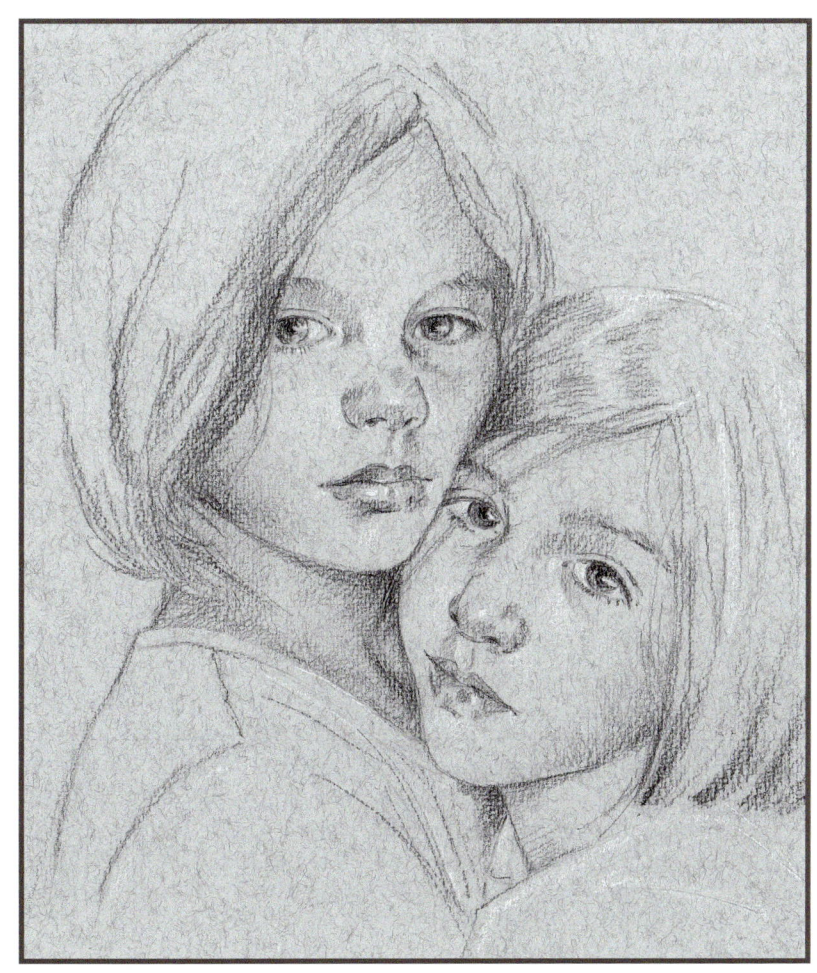

Composición

El trabajo de otros artistas, pasados y contemporáneos, nos puede inspirar y nos permite aprender mucho. Visitar galerías locales y nacionales y ver cómo otros retratistas han hecho posar a sus modelos, los han iluminado, han añadido fondos y se han enfrentado a la composición del retrato, es un ejercicio altamente recomendable. No hay ninguna regla fija, pero podemos aportar alguna orientación que te puede ayudar en tus propios retratos.

Para decidir la mejor composición, te recomiendo hacer muchos pequeños esbozos. Estos dibujitos analíticos serán un apoyo valiosísimo para cualquier tipo de composición; además de ayudarte en el diseño, te permitirán jugar con los tonos, con el tamaño o con las zonas que quieras resaltar y serán una manera de practicar para el dibujo final.

LA SECCIÓN ÁUREA

Una visión clásica está basada en las proporciones de la sección áurea, un sistema inventado durante el Renacimiento para organizar de un modo estético y equilibrado los elementos en una obra. La composición de la derecha (abajo) que sigue el estilo de Rembrandt, muestra esta organización ideal, con la línea de los ojos situada sobre el punto focal de las proporciones de la sección áurea.

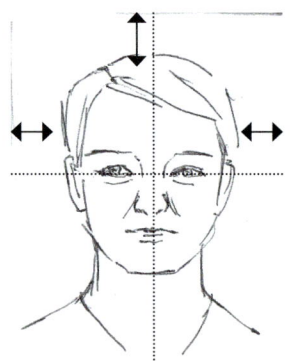 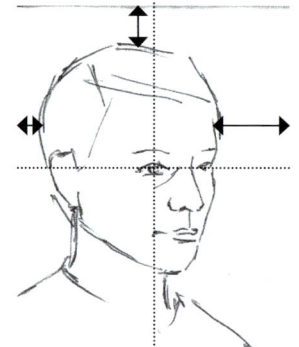 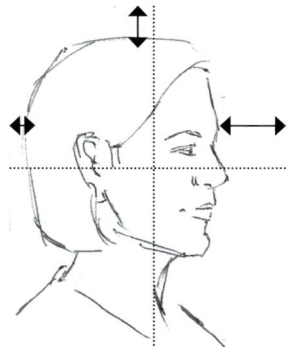 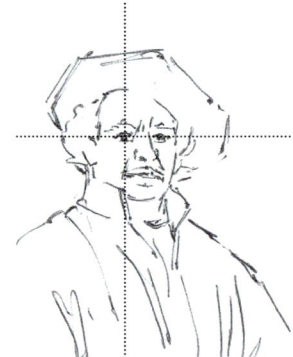

Plano de cara entera
La línea ocular está en el centro, con espacios equidistantes en la parte superior y en los laterales de la cabeza.

Plano de tres cuartos
La línea ocular está en la mitad de la cabeza, situada con mucho espacio a la derecha, permitiendo al modelo mirar al espacio en vez de directamente fuera del cuadro.

Plano de perfil
La cabeza está posicionada a la izquierda, con más espacio en el lado derecho que el que hay sobre ella.

Plano al estilo de Rembrandt
Una pose clásica de uno de los muchos autorretratos realizados por Rembrandt. Su ojo derecho está posicionado más o menos un tercio hacia abajo y un tercio avanzando desde la parte izquierda superior del cuadro.

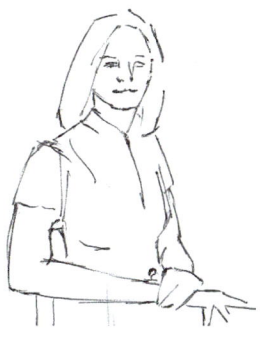

Se trata de un retrato convencional de medio cuerpo, con una pose de tres cuartos y la cabeza girada hacia el observador.

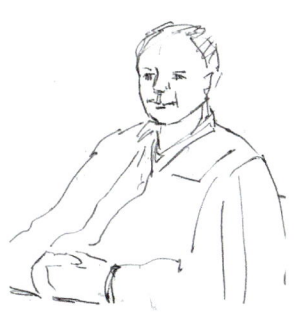

Otra pose clásica, mostrando la cabeza y el cuerpo en pose de tres cuartos y con la mano en una posición relajada.

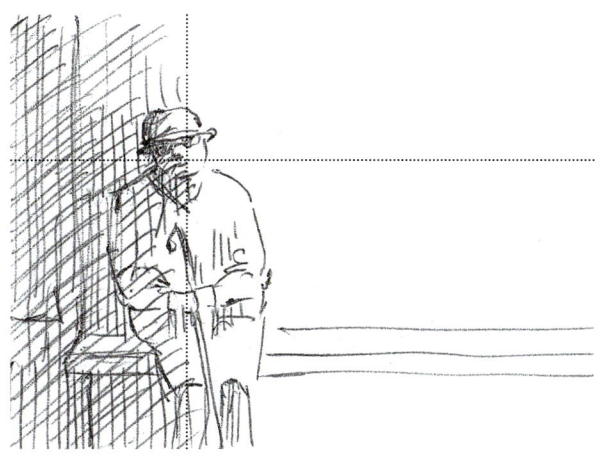

Me gusta esta composición inclinada, efectuada en un gran formato. Es casi tanto una declaración por parte de la anciana como un retrato. Está sentada recogidamente a media sombra y no sabemos si está esperando o mirando, pero la composición nos indica que está sola y aislada.

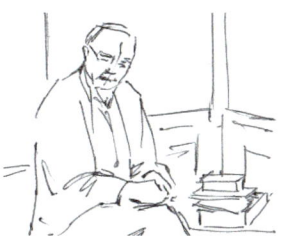

La figura está sentada con una ventana como fondo y los libros a un lado.

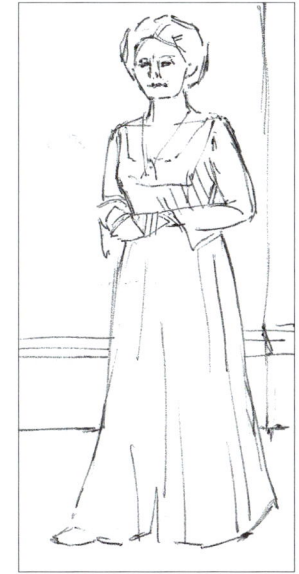

Una pose de pie, de figura entera, realizada en un formato largo y estrecho. Las líneas horizontales contrarrestan la verticalidad de la composición.

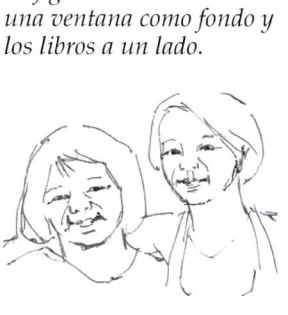

Este doble retrato narra una historia de amistad.

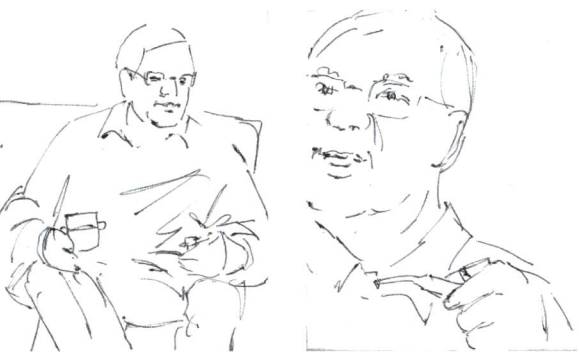

Aquí tenemos dos composiciones diferentes del mismo modelo: En la pose de la izquierda está relajado con su pipa, tomando un güisqui. Aunque no esté mirando, la composición está equilibrada y hay suficiente detalle como para mantener el interés del espectador.

En la composición de la derecha se rompen todas las reglas: nuestro modelo mira fuera del marco del retrato y la cabeza está cortada, pero el detalle de la mano y la pipa en primer plano atraen la atención del ojo. Es un retrato fascinante que demuestra que a veces las reglas están para romperlas.

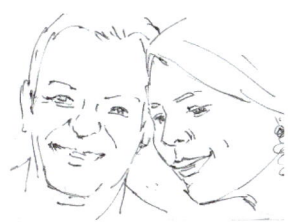

Composición en la que dos cabezas se juntan transmitiendo armonía y amor.

ILUMINACIÓN

Cuando montamos una composición es importante considerar la dirección, así como la calidad y la intensidad de la iluminación sobre el modelo. La luz artificial es controlable y constante y debería provenir de una única dirección, de manera que tendría que ser suave o difuminada en lugar de fuerte y brusca.

Una buena iluminación sirve para resaltar la forma de los rasgos; no debería resaltar duramente las sombras, distorsionando o anulando el retrato. Si eliges una iluminación de luz natural, la luz del norte es la más estable.

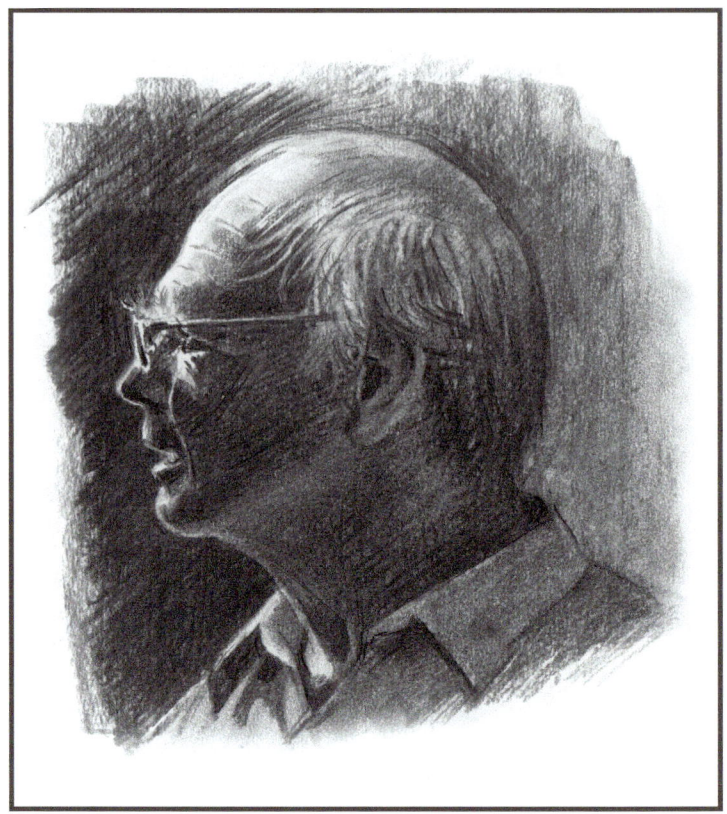

Iluminación inusual

En este perfil con luz de fondo me encanta el efecto inquietante de la semisilueta que se dibuja, los rasgos y las gafas claramente definidas por la iluminación que proviene de detrás. Aunque gran parte de la cabeza esté muy oscura, se sugieren sutilmente la línea de la mandíbula y los detalles del pelo.

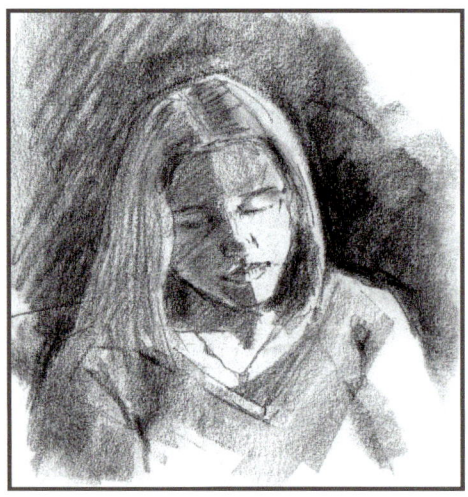

Luz natural: joven leyendo

Aquí el sol entraba por la ventana, una iluminación que no es la óptima para una sesión larga, ya que las sombras cambian enseguida, pero como se trataba de un boceto de 20 minutos, aporta alegría y vitalidad a la pose y constituye una composición que llama la atención.

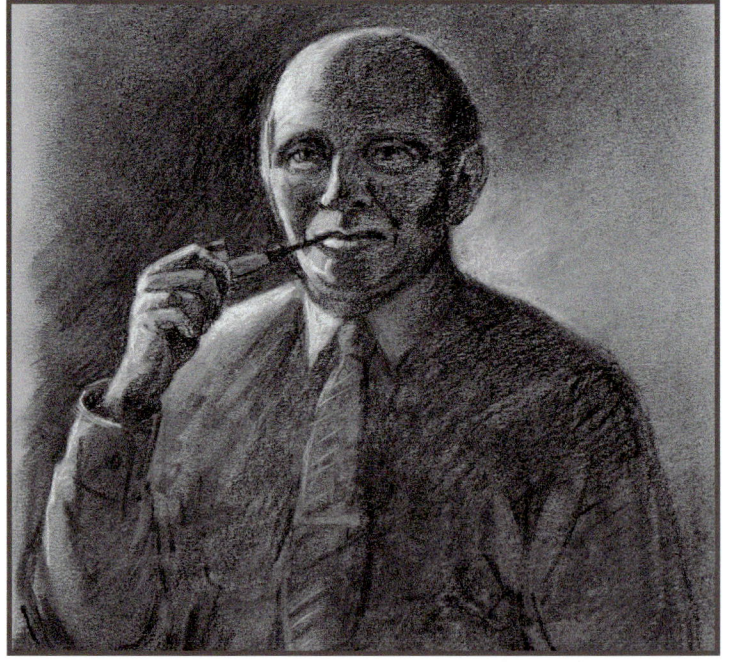

Luz tenue

Este retrato con poca iluminación rinde homenaje al gran maestro del retrato, Rembrandt. Su plasmación de la luz y la forma junto con su capacidad para retratar la personalidad es magnífica. Aquí, gran parte de la cabeza y el torso están medio iluminados, aportando mayor dramatismo a una pose cotidiana.

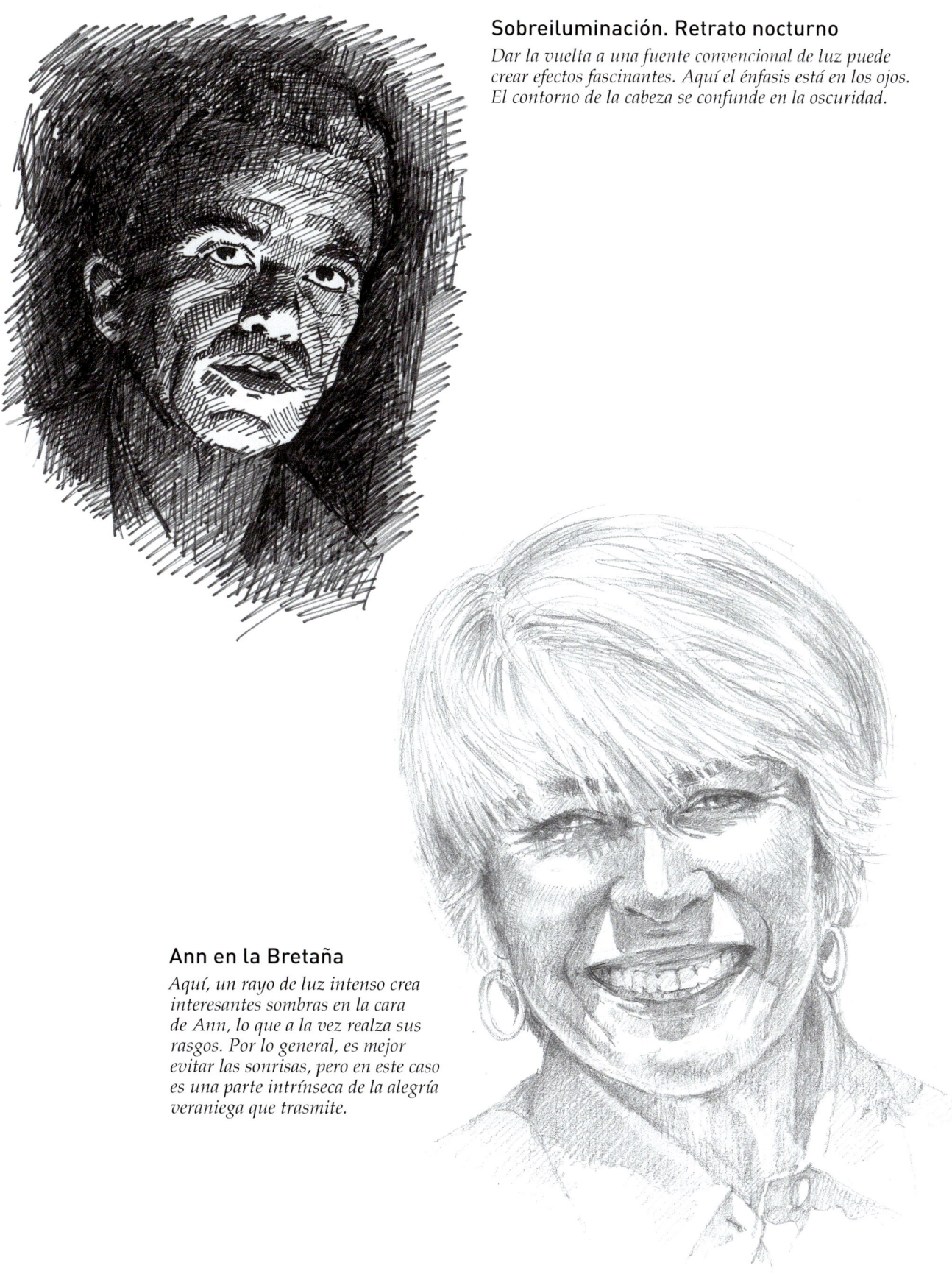

Sobreiluminación. Retrato nocturno

Dar la vuelta a una fuente convencional de luz puede crear efectos fascinantes. Aquí el énfasis está en los ojos. El contorno de la cabeza se confunde en la oscuridad.

Ann en la Bretaña

Aquí, un rayo de luz intenso crea interesantes sombras en la cara de Ann, lo que a la vez realza sus rasgos. Por lo general, es mejor evitar las sonrisas, pero en este caso es una parte intrínseca de la alegría veraniega que trasmite.

Historia

Un entendimiento profundo de la persona que se retrata se conseguirá si se consideran los atributos extra que posee. Añadir algún toque personal hace que el retrato sea aún más interesante. La pose, la ropa, los accesorios, una pieza de joyería, una bata, ropa deportiva o de trabajo, etc. le añadirán una nueva dimensión.

Además del mobiliario y el atrezo, el simbolismo, las imágenes de espejos, el movimiento pasivo o activo —como por ejemplo, un gesto de la mano—, o alguna referencia histórica pueden trasmitir una historia subyacente que embellezca el retrato y capte la atención.

Mientras redactaba este libro empecé a trabajar en un encargo de una figura relevante del Bank of England. Nos costaba encontrar la pose ideal, así que su esposa mencionó que nunca salía sin un lápiz y un papel, que es algo esencial que ayudaría a redondear su retrato.

FONDO

El fondo puede contribuir al retrato. Puede describir la posición social, la profesión, los logros o las aficiones del retratado; puede incluir a miembros de su familia o a mascotas. El fondo puede ser un jardín, un lugar de trabajo o una biblioteca. Sea lo que sea lo que se elija, debería tener conexión con la vida de la persona y aumentar el interés en el retrato.

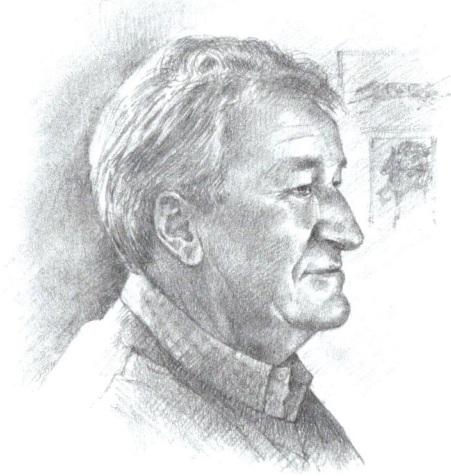

Este sencillo fondo sigue la máxima de «iluminación frente a oscuridad, oscuridad frente a iluminación». El lado derecho de la cabeza está retratado con tonos medios y el fondo está iluminado, mientras que la parte trasera de la testa está iluminada y el fondo es oscuro. Los tonos que contrastan hacen que la cabeza sobresalga y parezca tridimensional.

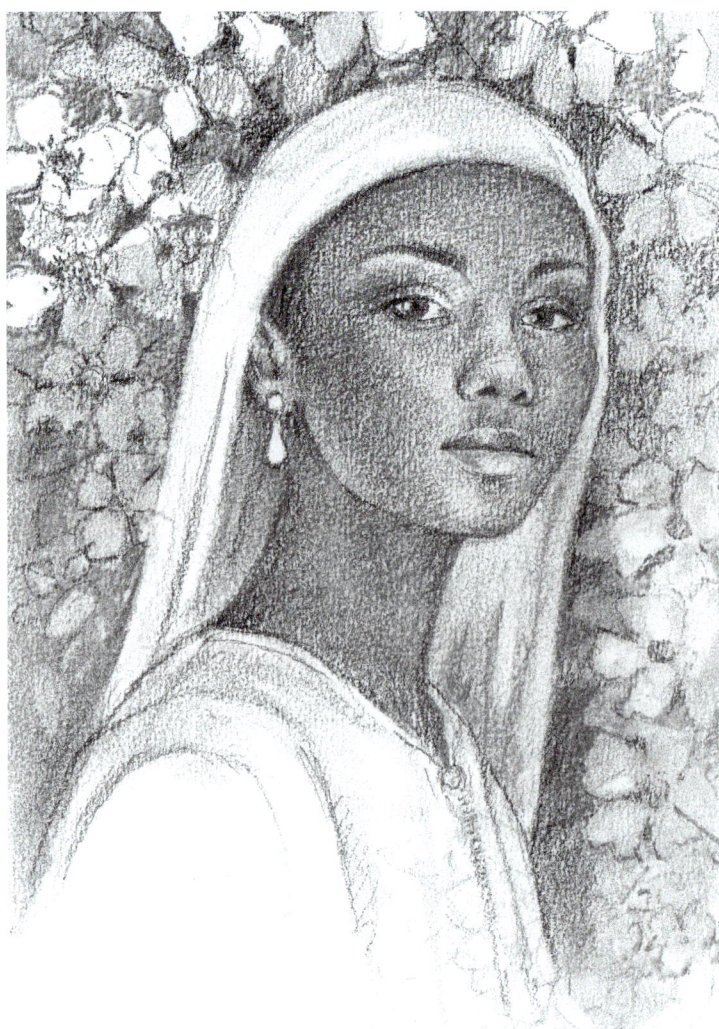

Colocar la figura frente a un fondo floral da un toque bello y femenino al retrato.

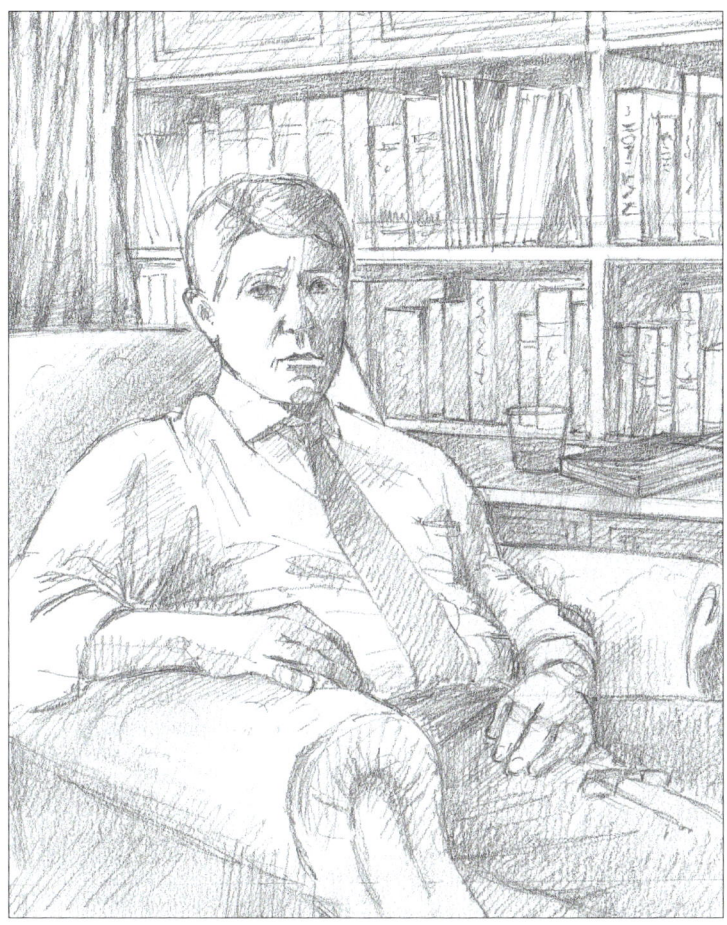

Este hombre está sentado cómodamente en su sillón, rodeado por un fondo de libros que añade un aire académico al retrato. Un fondo bien elegido aporta mucha información sobre la persona, su profesión, su posición social, sus logros y otros muchos aspectos.

Este tejedor de sillas de mimbre visita nuestro mercado semanalmente. Aunque charla con todos los que pasan a su lado, nunca deja de trabajar, así que pensé que todo su material y objetos deberían estar representados. Además de trabajar con esbozos, le hice unas fotos y utilicé las dos fuentes para conseguir una pose adecuada. Más tarde desarrollaré este esbozo en un retrato mucho más minucioso.

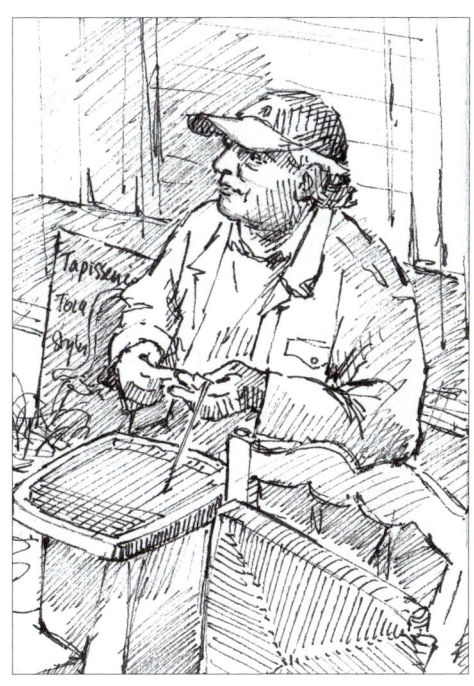

ROPA Y ATREZO

Línea del cuello

El modo en el que el cuello de una camisa, una blusa o una camiseta rodea el cuello es una parte importante del retrato que con frecuencia se pasa por alto. La línea de la ropa debería enmarcarse alrededor de la persona para crear una sensación tridimensional.

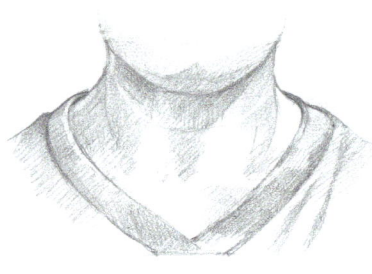

El cuello de una camiseta debería curvarse alrededor y detrás de la nuca.

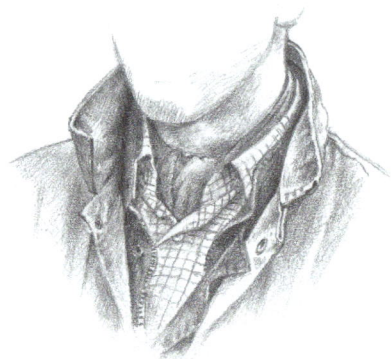

Con varias capas de ropa, cada una de las piezas (pañuelo, camisa y chaqueta) debe curvarse alrededor y detrás del cuello. Dibujar la línea de la chaqueta por detrás de la nuca te favorecerá a la hora de trazar cada una de las capas con precisión.

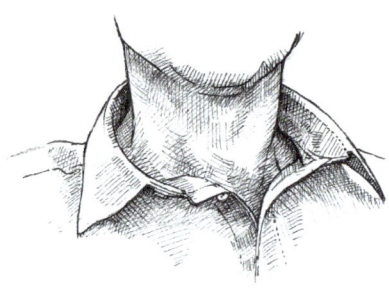

La línea del cuello de una camisa abierta puede revelar también la forma de los hombros y del cuello. Continuar el arco de la camisa por detrás de la nuca te ayudará a conseguir una curva suave.

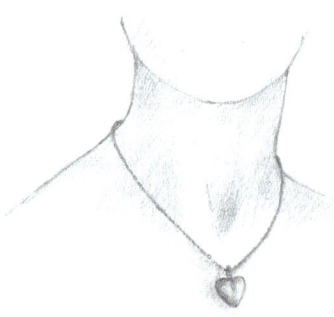

La línea del cuello es un apoyo valioso para definir los contornos del cuello. Este colgante marca la línea central del escote.

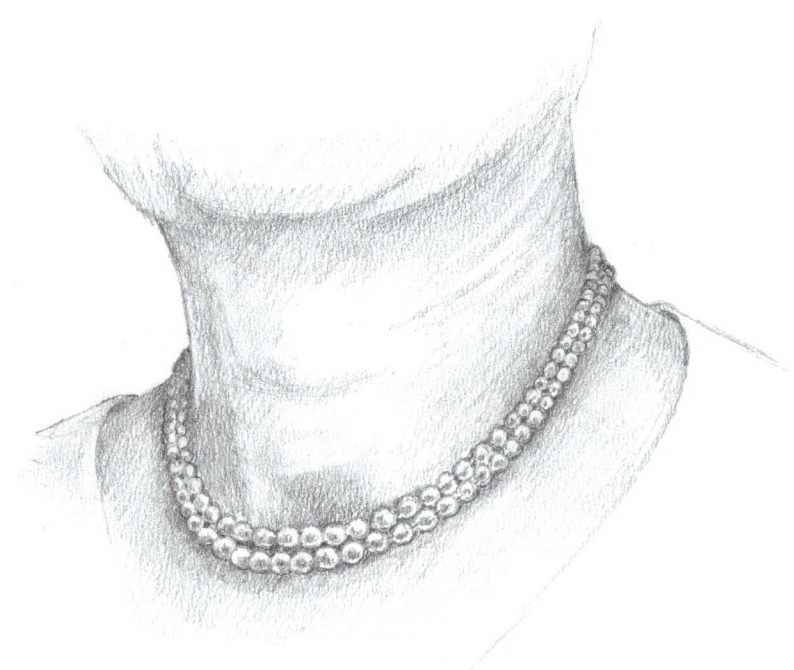

Puede ser interesante hacer fotografías de detalles, como joyas, sin que esté presente el o la modelo. Algunos accesorios requieren un dibujo muy minucioso, pero hay que evitar que capten toda la atención, ya que podrían anular el retrato.

Sombreros

Un sombrero añade mucha personalidad al retrato y amplía la historia. A veces es difícil plasmarlos, así que hay que asegurarse de que realmente parezca que están puestos sobre la cabeza del modelo en vez de estar medio flotando en el aire. Para ello puede ser útil dibujar la forma del cráneo cuando se esté dibujando el sombrero.

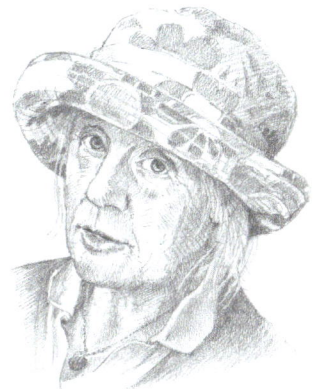

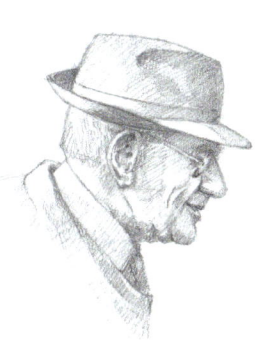

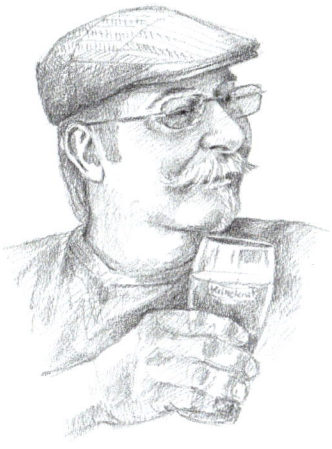

Elsie

A esta señora le encantan los sombreros y creo que forman parte de su personalidad, sobre todo este gorro floral de verano.

Señor con sombrero de fieltro

Un grupo de granjeros se reúnen en una feria de agricultura, provistos de sus sombreros de múltiples tamaños y formas. El reto de dibujar este sombrero es conseguir dibujar bien las proporciones y las curvas entrecruzadas del ala.

Niel con gorra

Las gorras dan un aire más informal a la persona, más relajado; esta connotación queda reforzada al sujetar un vaso de cerveza. Hay que dibujar con cautela la profundidad de la gorra para que quede bien asentada sobre la cabeza.

Gafas

Las gafas acentúan los planos de la cara. Son útiles para dibujar el ángulo de los ojos y establecer la posición de la oreja. Antes de empezar a hacer fotos, pregúntate si tu modelo prefiere que lo retrates con o sin gafas.

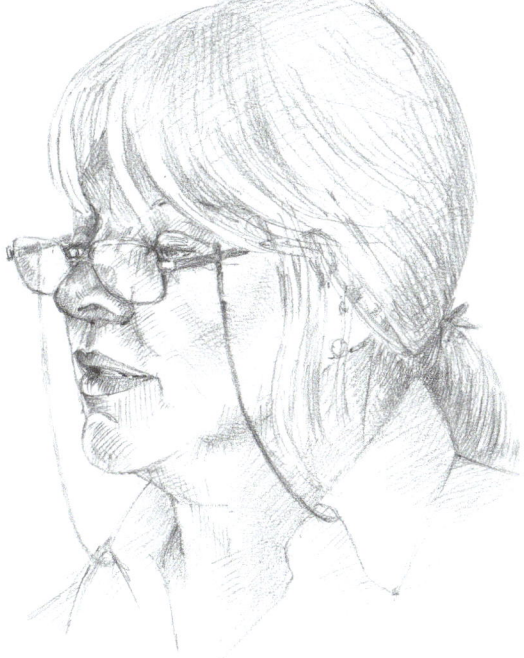

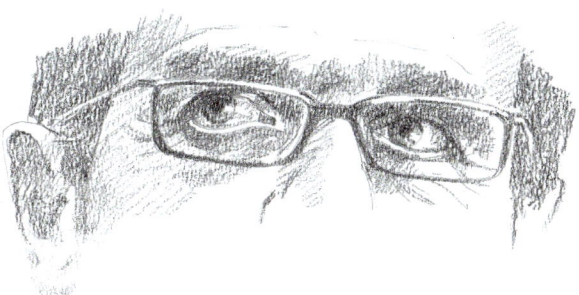

Las gafas con una montura gruesa pueden anular toda la fuerza del retrato y dominar la cara. Si es necesario, reduce su grosor, sobre todo si las monturas son negras. Algunas lentes pueden captar la luz y anular los ojos, por lo que una alternativa es resaltar esa parte de la cara.

Christa

Las gafas en la punta de la nariz dan un aire de estudiosa a esta alumna tan trabajadora.

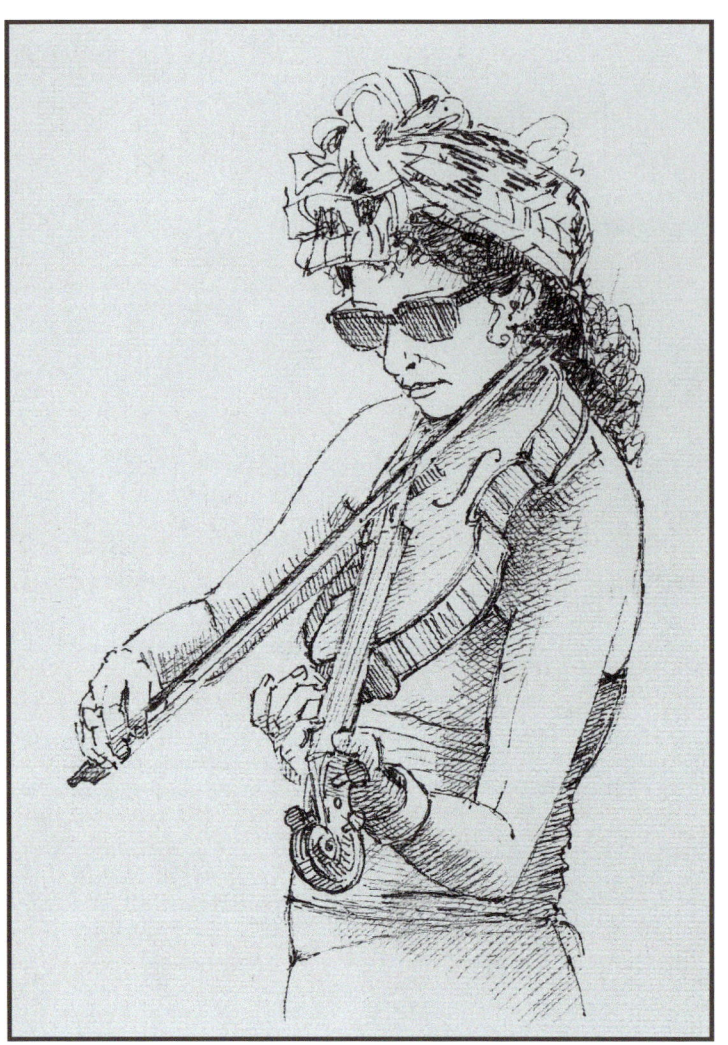

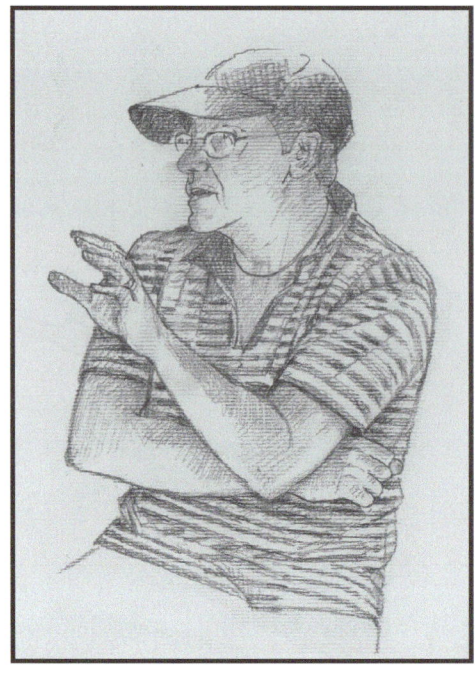

Eric

Las rayas siguen el contorno del cuerpo y pueden ser muy útiles a la hora de dar forma a los brazos y al torso sin recargar el dibujo acabado.

Chica tocando el violín

Esta violinista estaba en la calle, entreteniendo a la gente. Me gustó su pose y su estilo además de la música que tocaba, así que le hice unos bocetos y unas fotos. El violín es el eje central en el retrato y, una vez dibujado, fue fácil construir su figura en torno al instrumento, observando los espacios negativos.

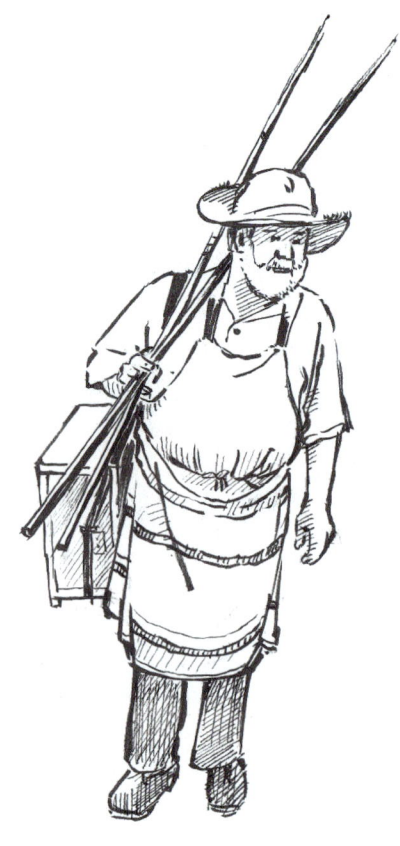

Pescador

La ropa de pescador, el maltrecho sombrero de paja y el delantal colocado en torno a su barriga protuberante añaden personalidad al estudio de figura entera de este pescador.

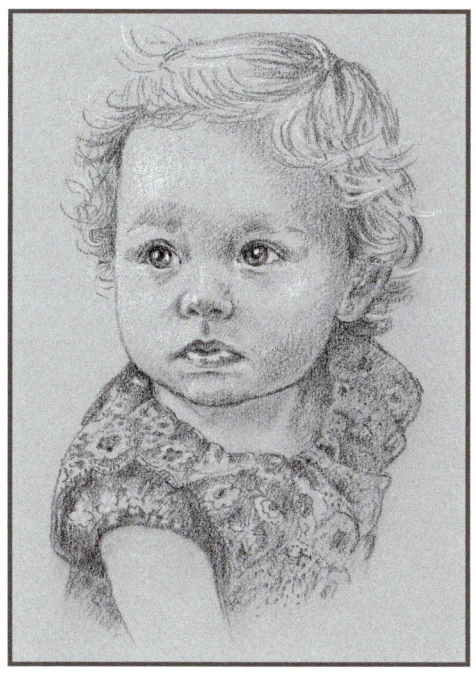

Ella

Un estampado llamativo puede dominar un retrato. Este vestido floral es muy bonito pero hay que encontrar el equilibrio entre resaltar el retrato y anularlo.

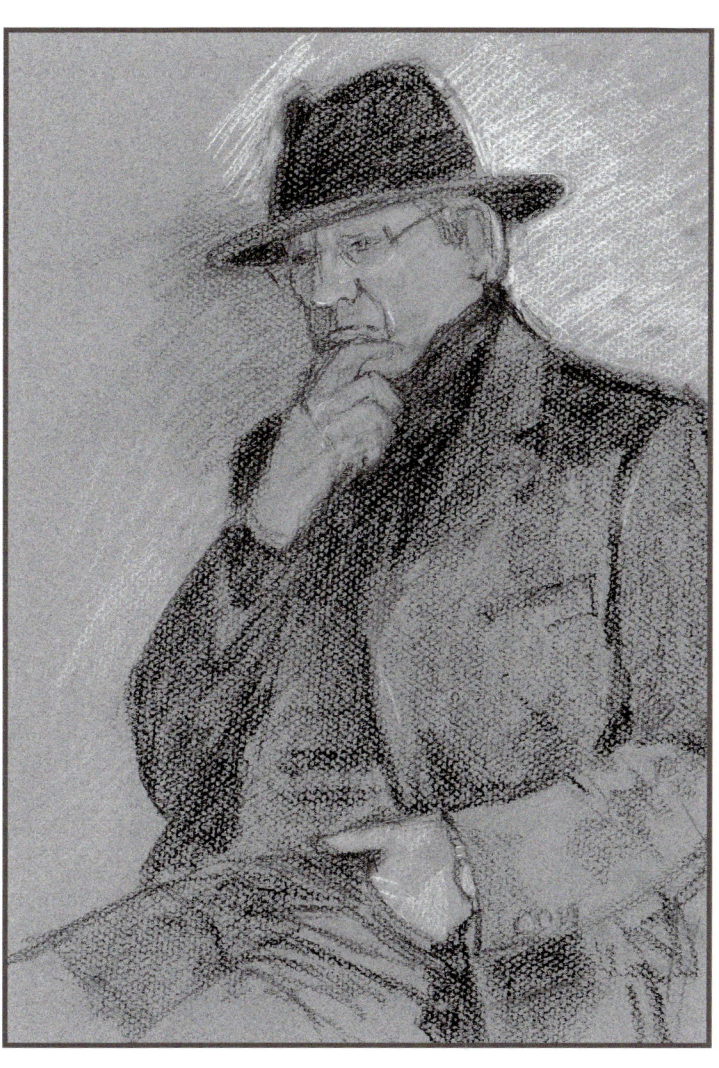

Hombre con sombrero

El sombrero oscuro y el abrigo junto con una iluminación dramática ayudan a elaborar un retrato con mucha fuerza.

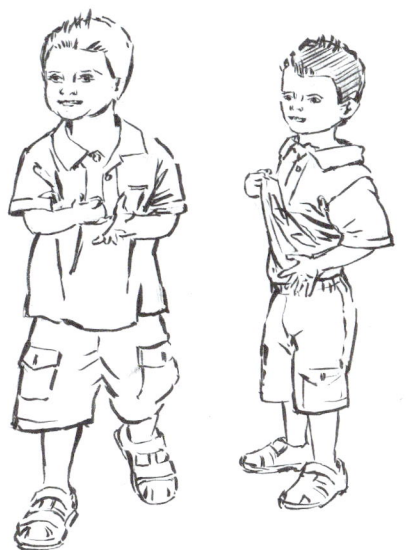

Dos niños pequeños

La vulnerabilidad de estos niños queda resaltada por la ropa que llevan, demasiado grande para ellos. Tienen un aspecto tímido a la vez que inquieto.

Guerrero masái

Este retrato está basado en la fotografía de un guerrero masái que he ampliado gracias al método de la cuadrícula detallado en las páginas 62-63. Hay más información sobre cómo trabajar con fotografías en las páginas 60-63.

MATERIALES

Papel de calcar
Regla y escuadra
Lápiz de grafito B
Papel de dibujo
Cinta adhesiva
Tablero para dibujar
Lápices pastel o carboncillos
Goma moldeable
Carboncillo de sauce 2 mm

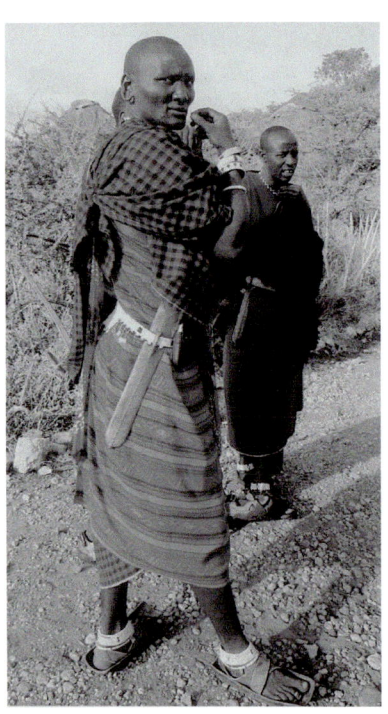

La fotografía original utilizada para el dibujo.

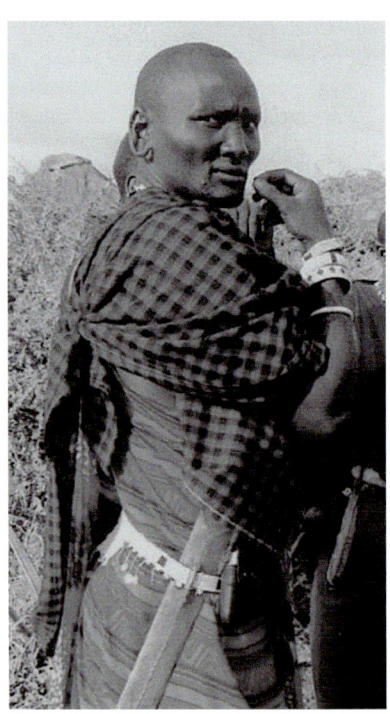

1 Composición Selecciona qué parte de la fotografía de referencia utilizarás para el retrato. Aquí he cortado parte de la figura y el fondo para centrarme en la cabeza y en la parte superior del torso del guerrero.

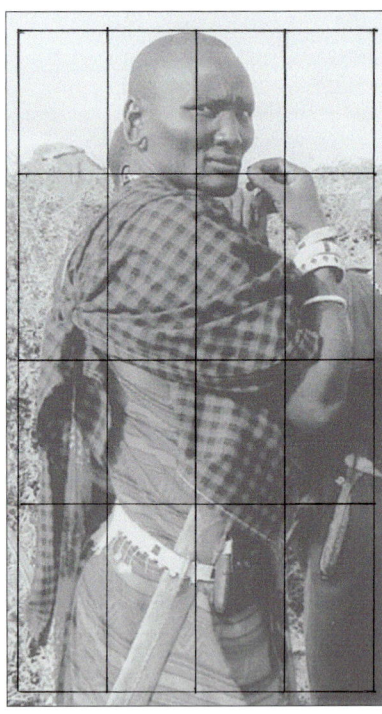

2 Cuadrícula Coloca el adhesivo sobre el papel de calcar encima de la fotografía. Selecciona la zona de la fotografía que quieras ampliar y utiliza una regla y una escuadra para dibujar una cuadrícula con lápiz de grafito, dividiendo el ancho y el largo en cuatro partes, creando así dieciséis rectángulos.

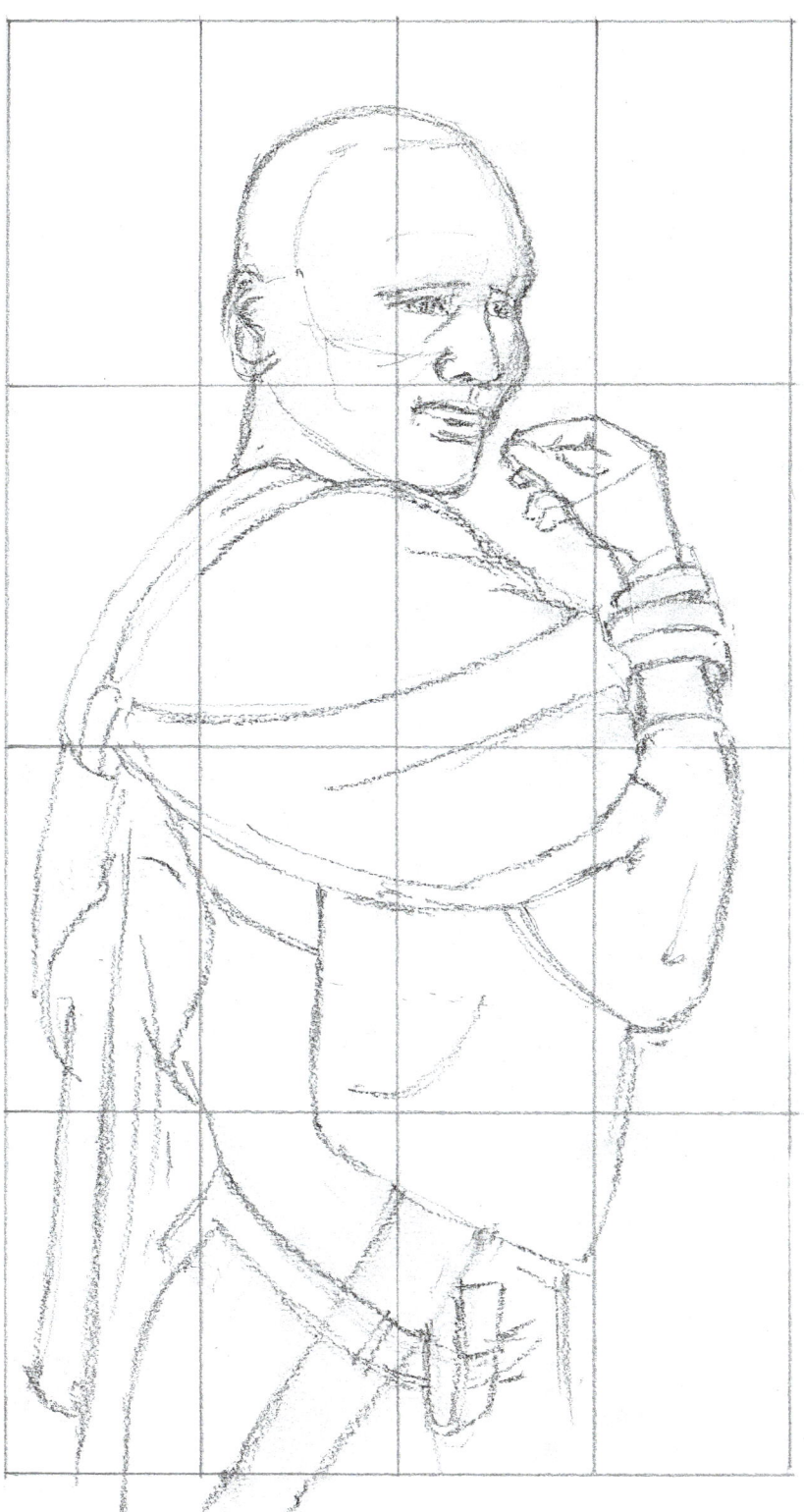

3 Fija el papel de dibujo al tablero con cinta adhesiva y eleva la parte superior para que la superficie de trabajo quede inclinada. Mantén cerca la fotografía de referencia y asegúrate de que quede alineada al papel.

Cuadrícula Dibuja una cuadrícula ampliada sobre el papel de dibujo con lápiz de grafito. Aquí lo he hecho de unas dimensiones de 300 x 160 mm (11¾ x 6¼″), el doble del tamaño de la cuadrícula inicial.

Líneas iniciales Cambia a los lápices pastel o al carboncillo, teniendo en cuenta por dónde cruzan las líneas de la cuadrícula la imagen de la cuadrícula de la fotografía y duplica el contorno del guerrero en la cuadrícula grande sobre el papel para lápices pastel.

Consejo

Recuerda que cuando se utilizan carboncillos o pasteles hay que trabajar a una escala mucho mayor que con lápiz o tinta, ya que es un material que hace un trazo más grueso.

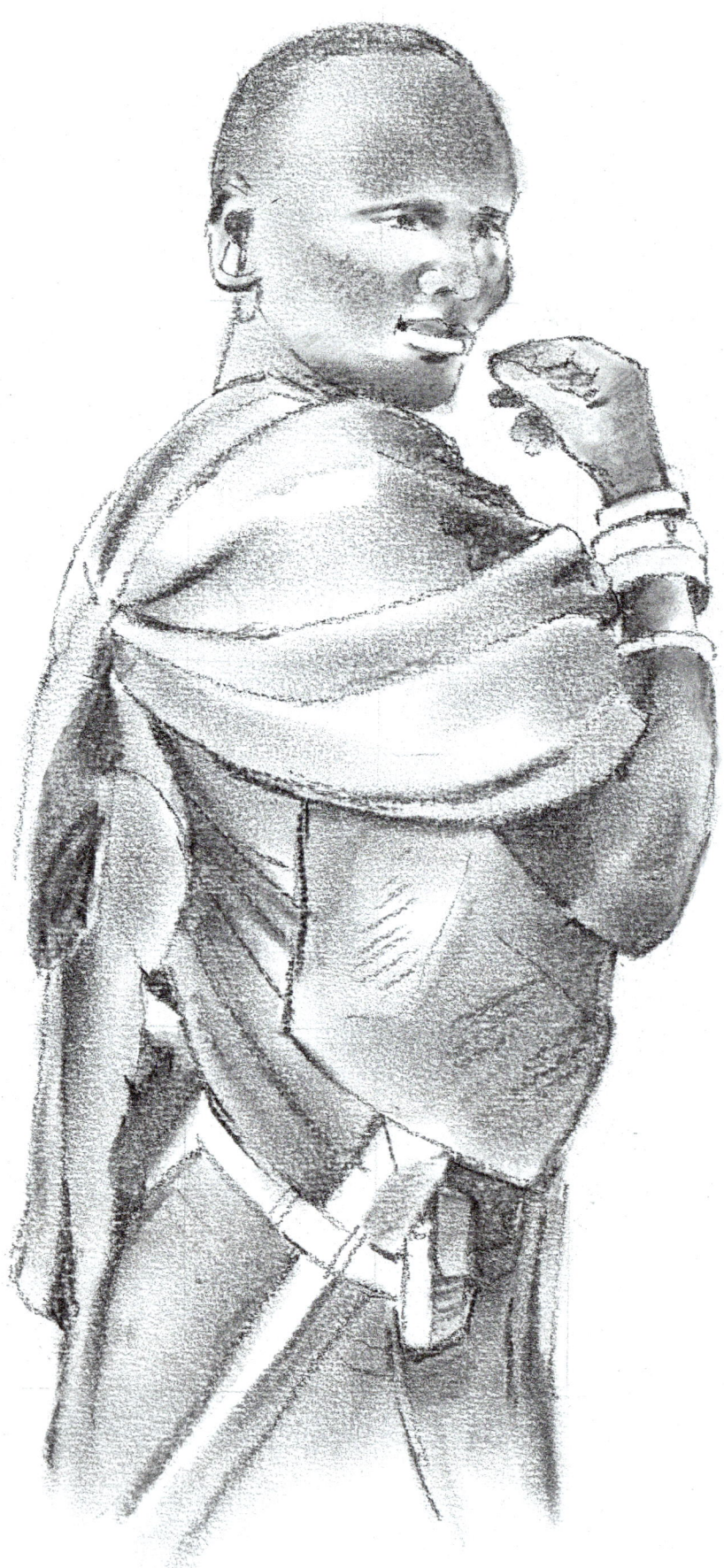

4 **Desarrollar el tono** Borra las líneas de la cuadrícula donde sea posible, sobre todo en el fondo. Empezando por arriba, utiliza el carboncillo para añadir tono en las zonas más grandes como la tela de rayas y cuadros. Difumina el carboncillo con el dedo.

Detalles En las zonas más detalladas como las de la cara, la mano o el brazo, mezcla el carboncillo con un bastoncillo de algodón o con un difumino. Deja las pulseras y el cinturón en color blanco.

Consejo

Para evitar que accidentalmente se corra el color de tu dibujo, cúbrelo con un papel unido con cinta adhesiva en los bordes.

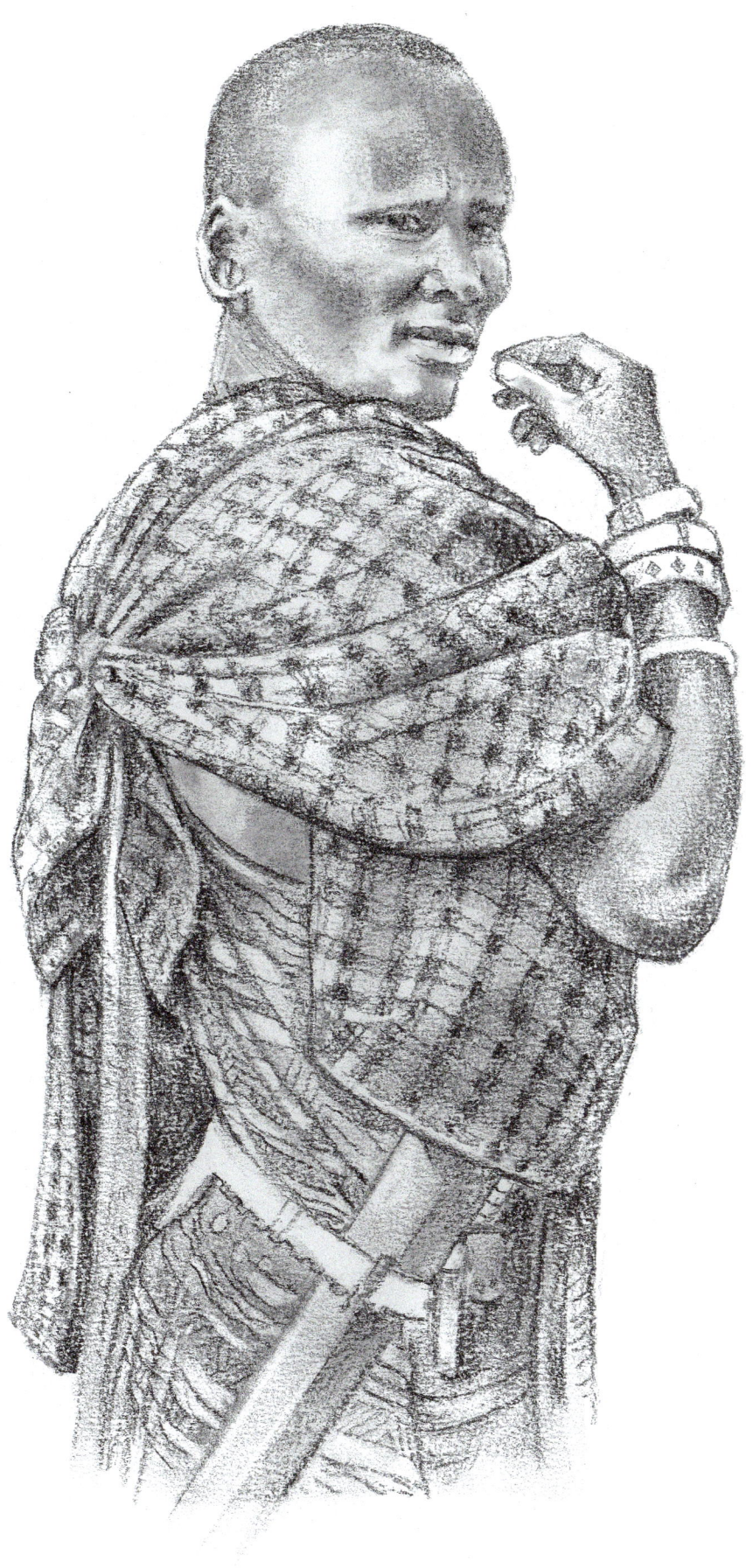

El dibujo acabado

Para acabar, debes resaltar los reflejos con una goma de borrar a la que le hayas dado forma. Utilizando los colores pastel o el carboncillo, oscurece los detalles de los ojos, la nariz, la línea del pelo, la mano y el brazo; después, los pliegues de la ropa, como por ejemplo, las arrugas del manto y los pliegues en torno al cinturón y la espada.

El manto *Dibuja el contorno del estampado del manto y del resto de la ropa y también los detalles de las pulseras, después, rellénalo con los cuadros y las rayas, oscureciendo su tono en los pliegues y borrando donde sea necesario para crear también las zonas blancas en el diseño. Añade los detalles en el cinturón y en la espada para completar el retrato.*

Edad

Mirando estos retratos uno sabe inmediatamente que una es una niña, otro un adolescente y la última una señora mayor, incluso se podrían adivinar las edades casi exactamente. Las diferencias en las proporciones faciales de los diferentes grupos de edad son muy sutiles y el mínimo cambio en la posición y el tamaño de los ojos, el ancho de la boca, la sombra o las líneas puede marcar la diferencia entre un niño de cinco años y un joven de veinte.

Ejercicio

Estudia las variantes entre estos retratos. Dibuja tus propias versiones y observa si puedes cambiar las edades percibidas alterando las proporciones. Por ejemplo, haz que la niña parezca mayor, que el joven parezca mayor —o más joven— y que la señora rejuvenezca, ¡seguro que le encantaría!

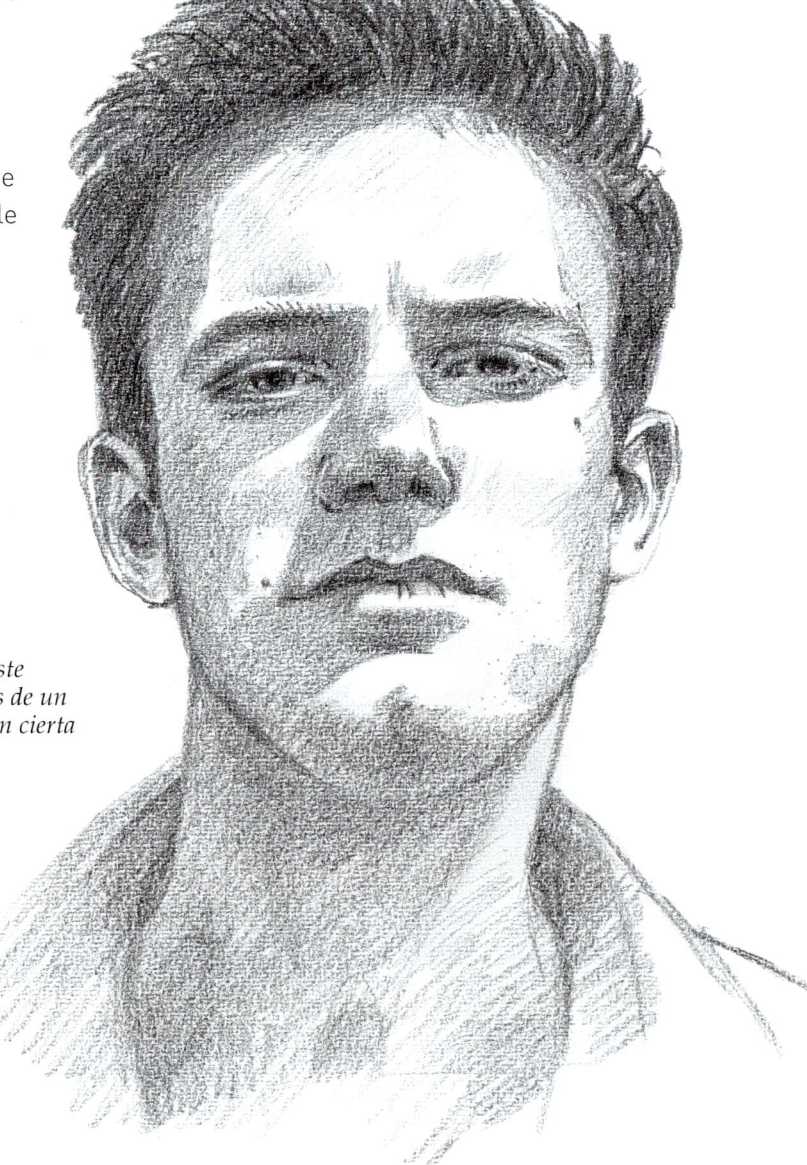

Joven

Las proporciones faciales de este adolescente todavía no son las de un adulto y aquí está posando con cierta arrogancia.

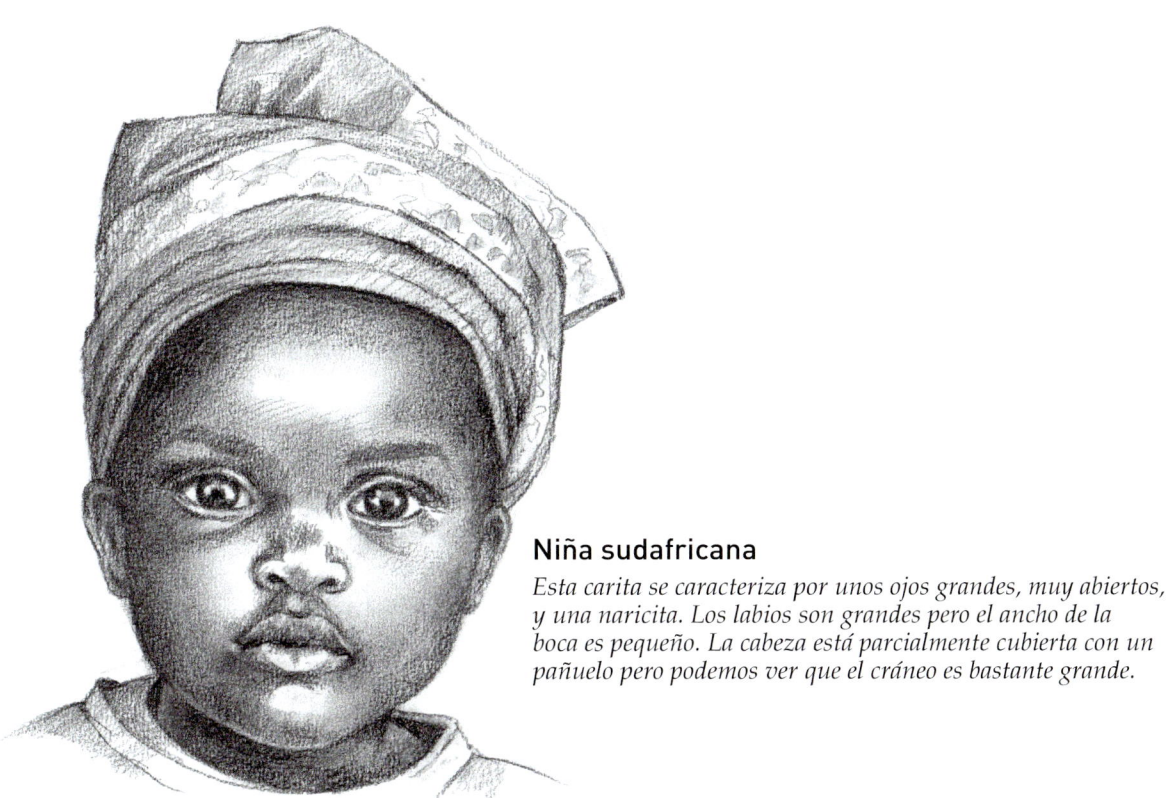

Niña sudafricana

Esta carita se caracteriza por unos ojos grandes, muy abiertos, y una naricita. Los labios son grandes pero el ancho de la boca es pequeño. La cabeza está parcialmente cubierta con un pañuelo pero podemos ver que el cráneo es bastante grande.

Henrietta

Con la edad, los párpados se agrandan, los labios se afinan y hay más líneas y arrugas pero ¡tampoco hace falta dibujarlas todas!

Este boceto lo hice con lápices pastel en tonos grises y blancos sobre papel gris para lápiz pastel.

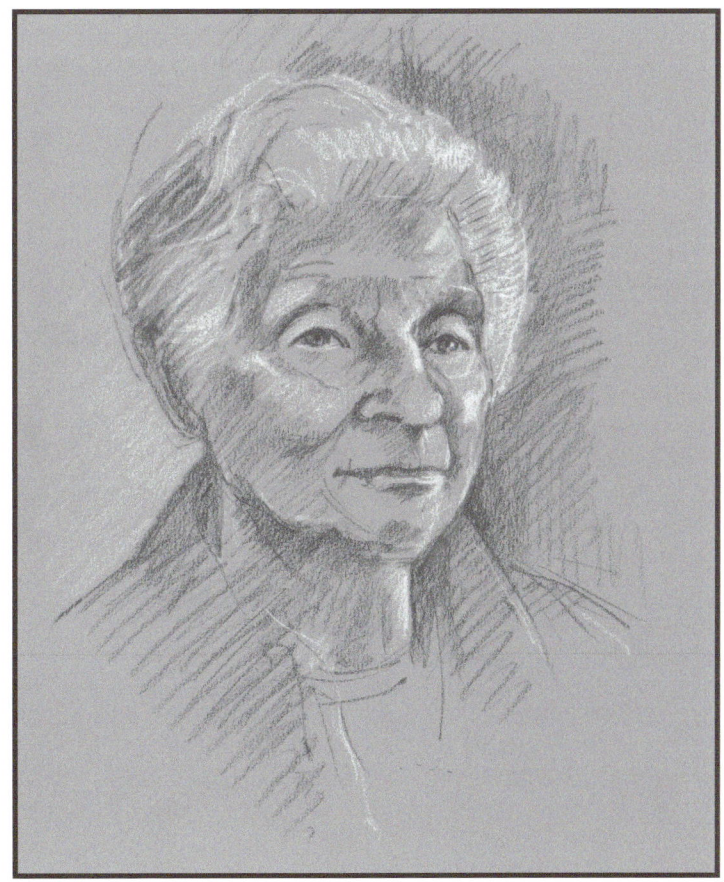

Cora

Se trata de un dibujo a mano alzada con lápiz y punta fina.

Cora se acercó cuando estaba pasando unas vacaciones en Italia. Su vitalidad y jovialidad no se correspondían con su edad. Le hice unos bocetos y también unas fotos para trabajar un retrato con más tiempo en el estudio.

Hice varios esbozos preparatorios como práctica, explorando sus rasgos, con líneas de sombreado para seguir los contornos de la cara. Así pude ver qué ángulo me gustaba más para el retrato y de paso, practicaba técnicas de sombreado.

MATERIALES

Lápiz 2B
Papel de dibujo
Rotulador de punta fina 0,5

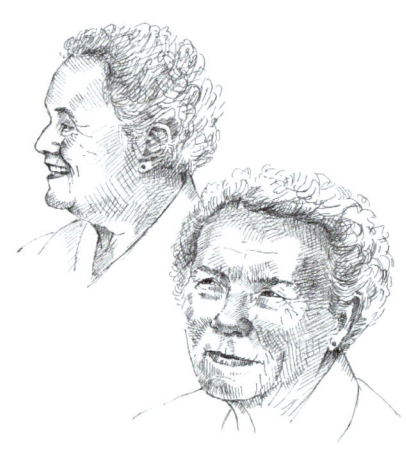

Aquí están mis bocetos iniciales. La vista de perfil de arriba muestra unas cejas pobladas y unos ojos pequeños con una nariz bien formada, mientras que la visión de tres cuartos está tomada desde un punto más alto y no mostraba demasiado bien sus ojos. Decidí utilizar un tercer punto de vista (izquierda) que consideré que era el que mejor expresaba su personalidad: animada y contenta.

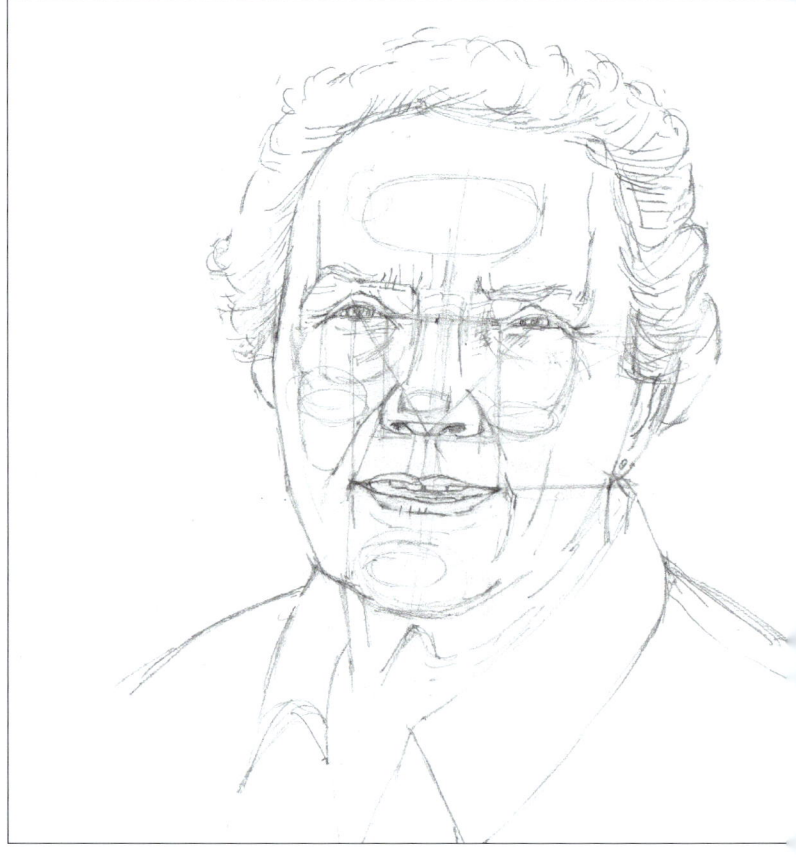

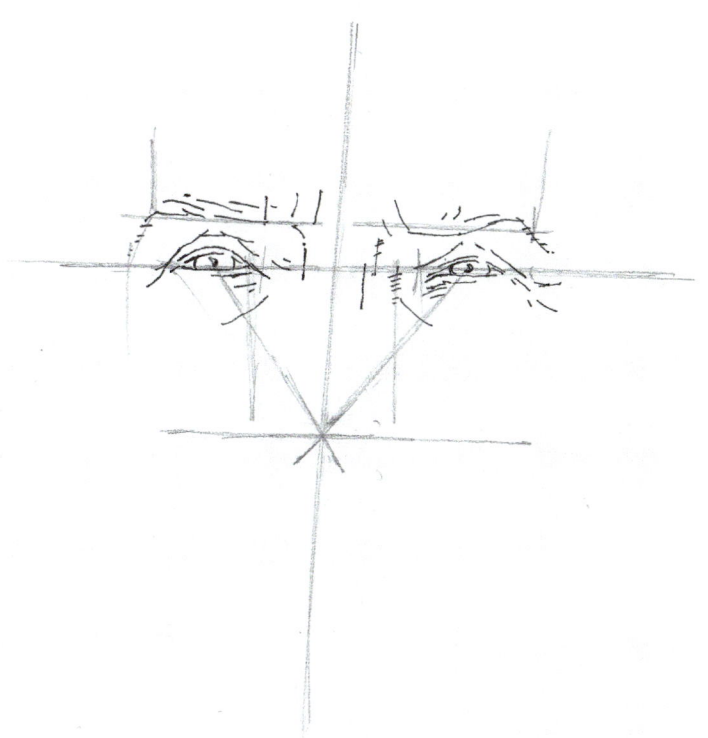

/ Ejes Utilizando el lápiz dibujé el ángulo de la línea ocular y el eje central en el papel y después utilicé el sistema de medición triangular (véanse las páginas 42-43) para estimar las dimensiones de la nariz.

Ojos y cejas Cambiando al rotulador de punta fina, empecé a dibujar unos puntos que determinasen la posición de los ojos y las cejas y después los dibujé muy esquemáticamente. Utilicé una línea rota o línea punteada para darle un toque más ligero, por ejemplo para las cejas y las patas de gallo.

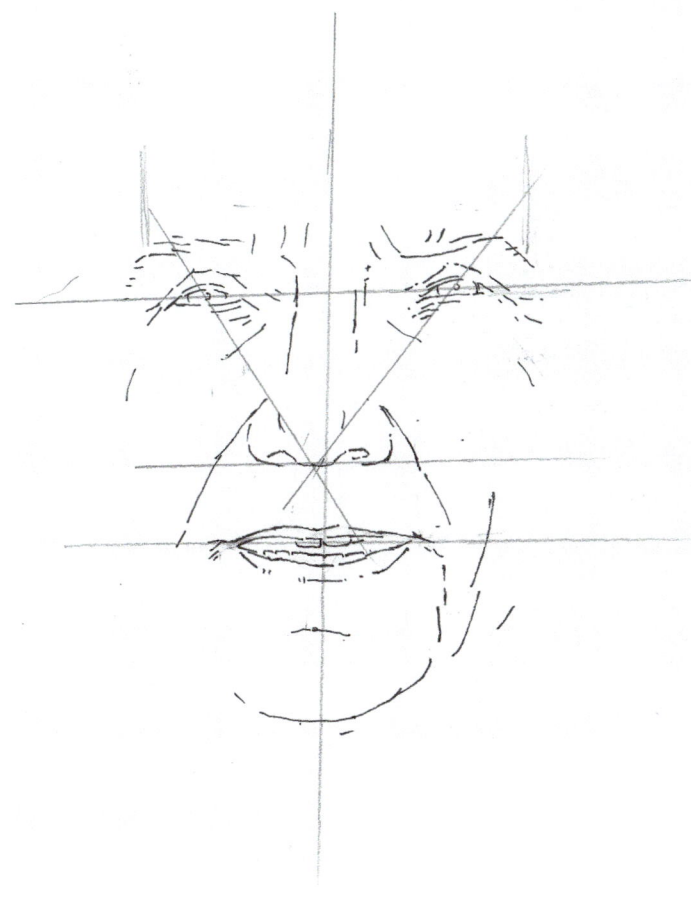

2 Nariz Aquí tracé las líneas verticales con lápiz a partir de los orificios nasales para establecer el ancho de la nariz; como se trata de un plano de tres cuartos, el tabique al final de la nariz no está entrado. Las tres líneas de lápiz horizontales garantizan que la línea ocular, la base de los orificios nasales y la boca estén alineadas.

Boca Un punto importante es comparar la distancia desde la base de la nariz hasta el centro de la boca o la base de los dientes superiores. Hay que estudiar la forma de los labios con atención y, si es necesario, dibujar una ligera sonrisa en la boca, inclinando la comisura de los labios hacia arriba. Dibuja las líneas en el borde de la boca, delinea las mejillas y, por último, la barbilla.

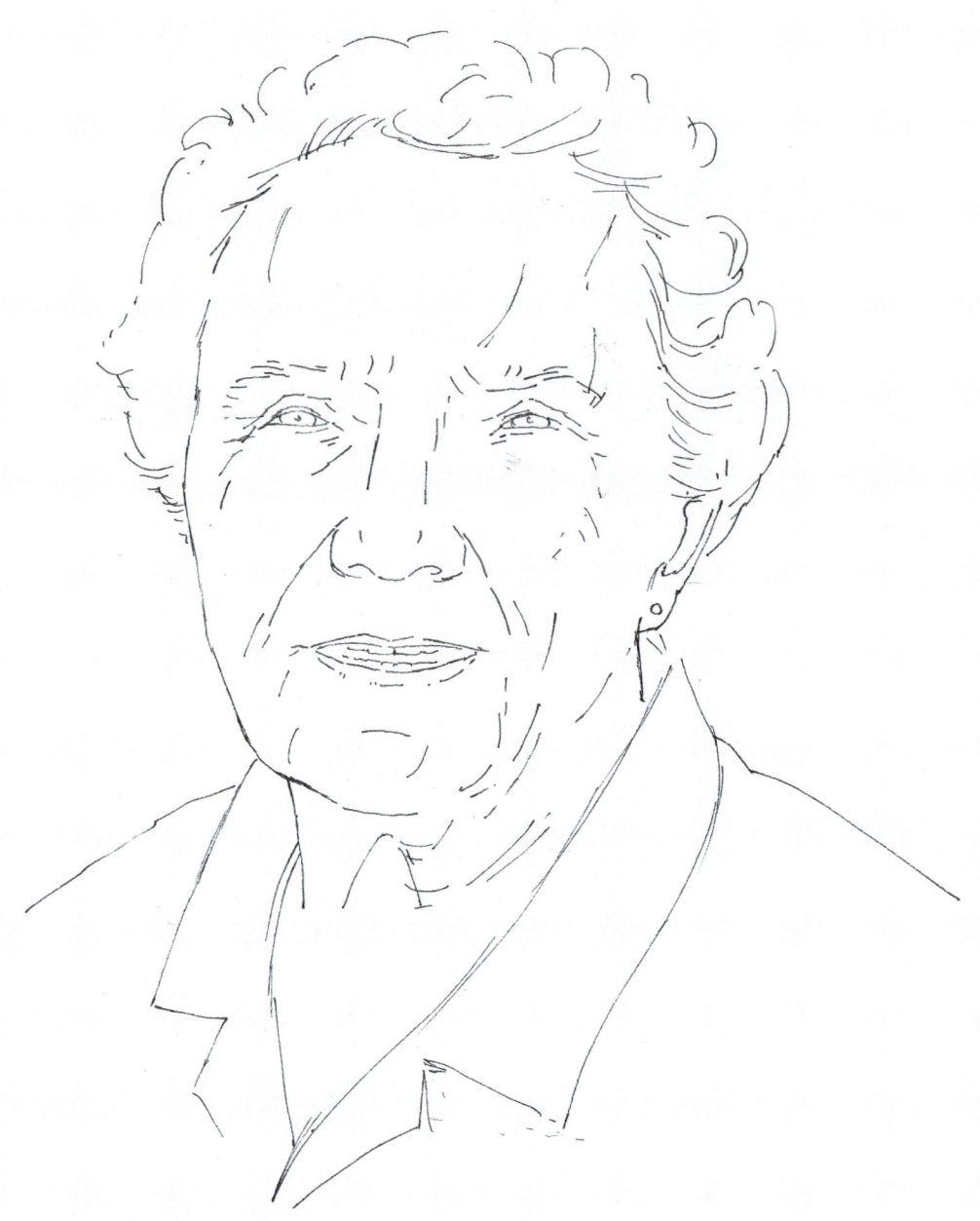

3 **Dar forma a la cabeza** El siguiente punto fue dibujar la forma de la cabeza, empezando por la sien, después las mejillas, la línea izquierda de la mandíbula y después el otro lado. Tuve que comprobar que la altura de la frente era la correcta comparando su tamaño con otra distancia como, por ejemplo, la distancia entre las pupilas.

Pelo El paso posterior es dibujar la línea del pelo y después la forma del mismo. Hay que dibujar la parte derecha hasta la oreja y después pasar a dibujar el cuello y la ropa. En esta fase conviene observar cómo el cambio de plano de la parte frontal a la lateral se advierte en la sien, alrededor del globo ocular y en el pómulo.

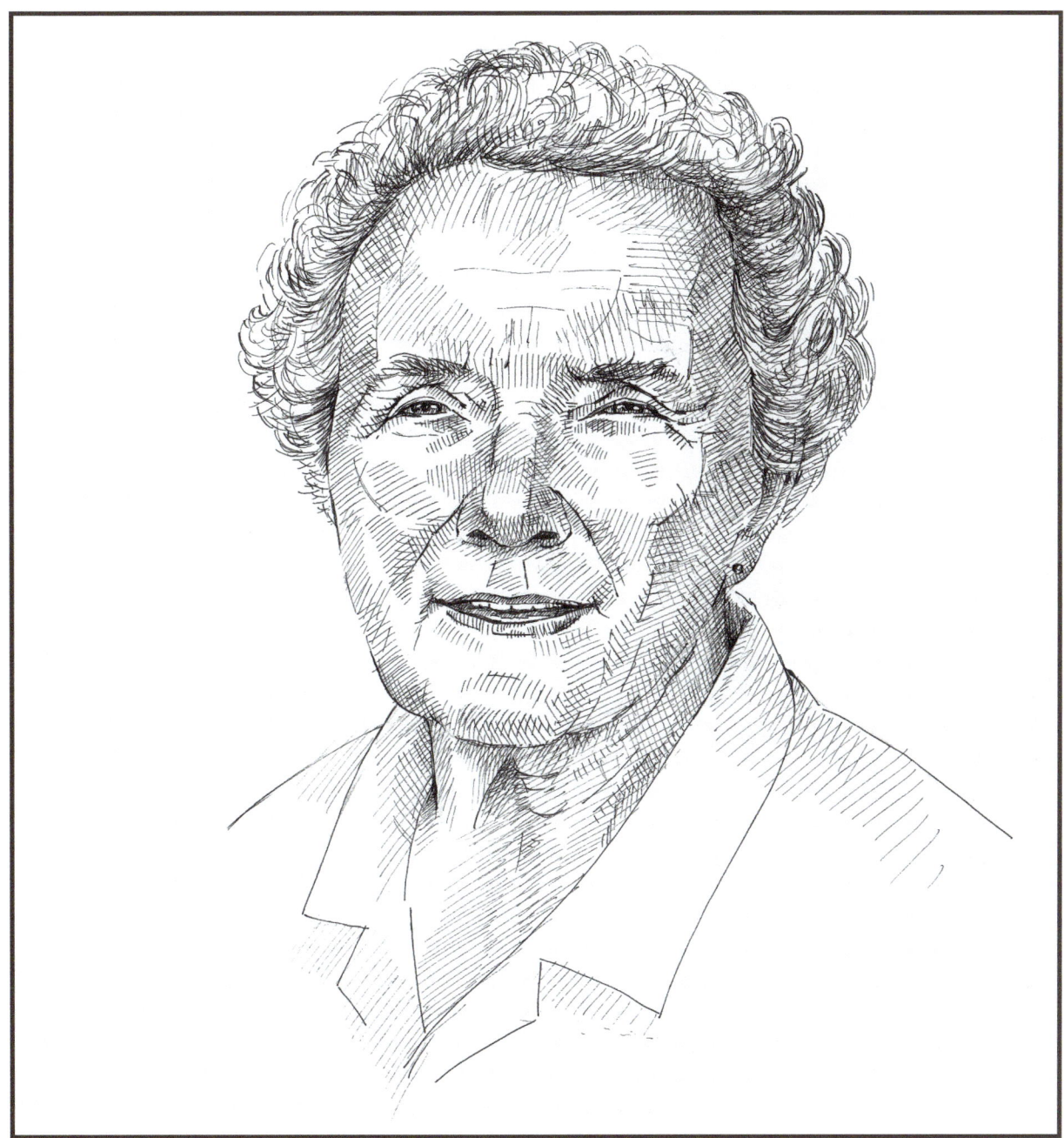

El dibujo acabado

La última fase es añadirle el sombreado, una fase que quizás sea la más delicada cuando se trabaja con punta fina o pluma, así que hay que hacerla con cautela. Añade un sombreado con líneas siguiendo la forma de la cabeza con el propósito de ensalzarla creando reflejos pero sin pasarnos al sombrear las zonas más oscuras. Desarrolla las líneas de los párpados donde caen y oscurece los ojos, dejando pequeños brillos. El contorno de la cabeza en la parte izquierda puede hacerse con una línea rota para aportarle mayor interés. Puedes crear reflejos y sombras alternadas en el pelo y utilizar diferentes marcas direccionales para dar la sensación de movimiento. Para las sombras en el pelo y la frente, continúa haciendo líneas en el lado derecho en el pelo y la sien. Baja hasta la boca, oscurece la parte interior de esta y las comisuras. Añade marcas de sombreado paralelas y cruzadas en el cuello y también alrededor del cuello de la blusa, oscureciendo especialmente la zona en la que se encuentran la piel y la blusa.

Autorretratos

Si quieres hacer un dibujo al natural y captar momentos de la vida cotidiana pero no quieres pagar a un modelo para que pose, ni pedírselo a nadie, entonces los autorretratos pueden ser la mejor solución. Es una forma excelente de ir ganando seguridad a la hora de dibujar momentos reales. Otra alternativa, si tienes más experiencia, es traspasar los límites y experimentar con nuevas formas de retrato.

Muchos artistas del pasado y la actualidad se han dibujado a sí mismos. Rembrandt se hizo infinidad de autorretratos a lo largo de su vida, en momentos de pobreza y prosperidad, de juventud y vejez, y sin duda constituyen un legado permanente de su vida y de su obra.

Este autorretrato lo hice muy rápidamente con rotulador, mirándome al espejo. Si quieres hacer un autorretrato tal y como te ven los demás, tendrás que poner dos espejos contrapuestos para ver una verdadera representación de tu cara «pública».

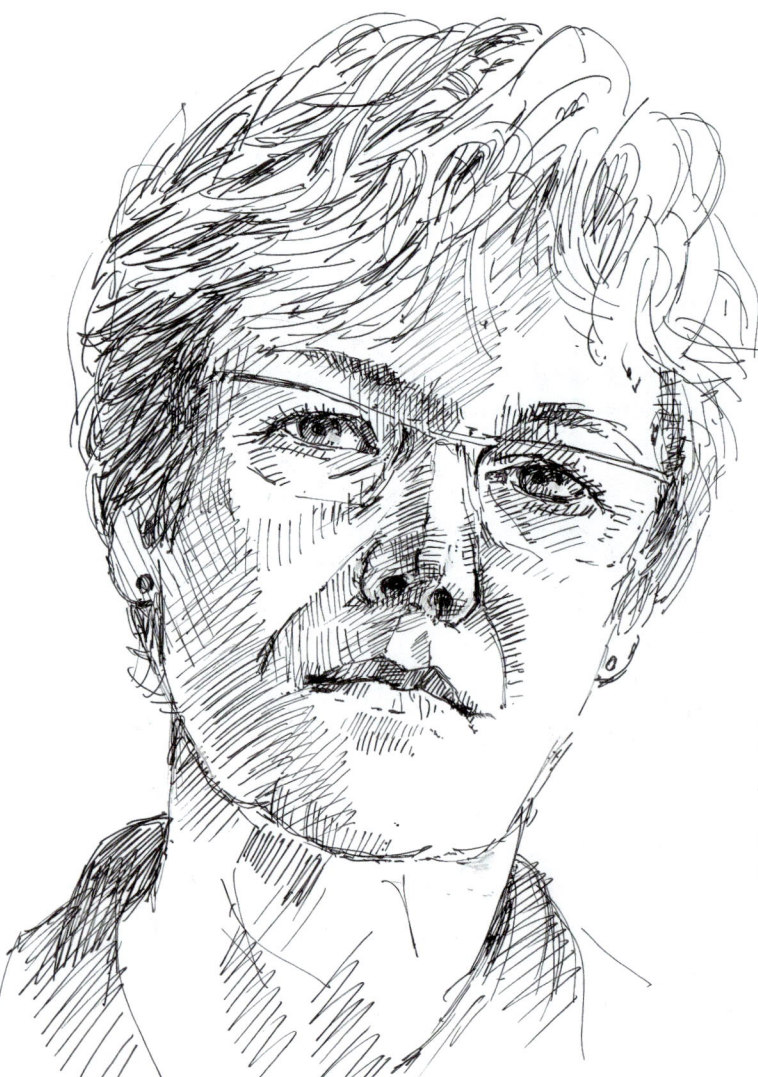

Autorretrato

Me hice este autorretrato muy rápido con un rotulador de punta fina sin ninguna línea preliminar con lápiz. Estaba muy concentrada y por eso mi postura parece rígida y seria.

Experimentar

Hay tantas formas de expresar un retrato como caras
que dibujar y el propósito en esta obra ha sido animarte e
inspirarte. Conocer las técnicas básicas de dibujo te permitirá
experimentar y desarrollar tu propio estilo, mejorando y
convirtiéndote en un gran retratista. ¡Ánimo, y a dibujar!

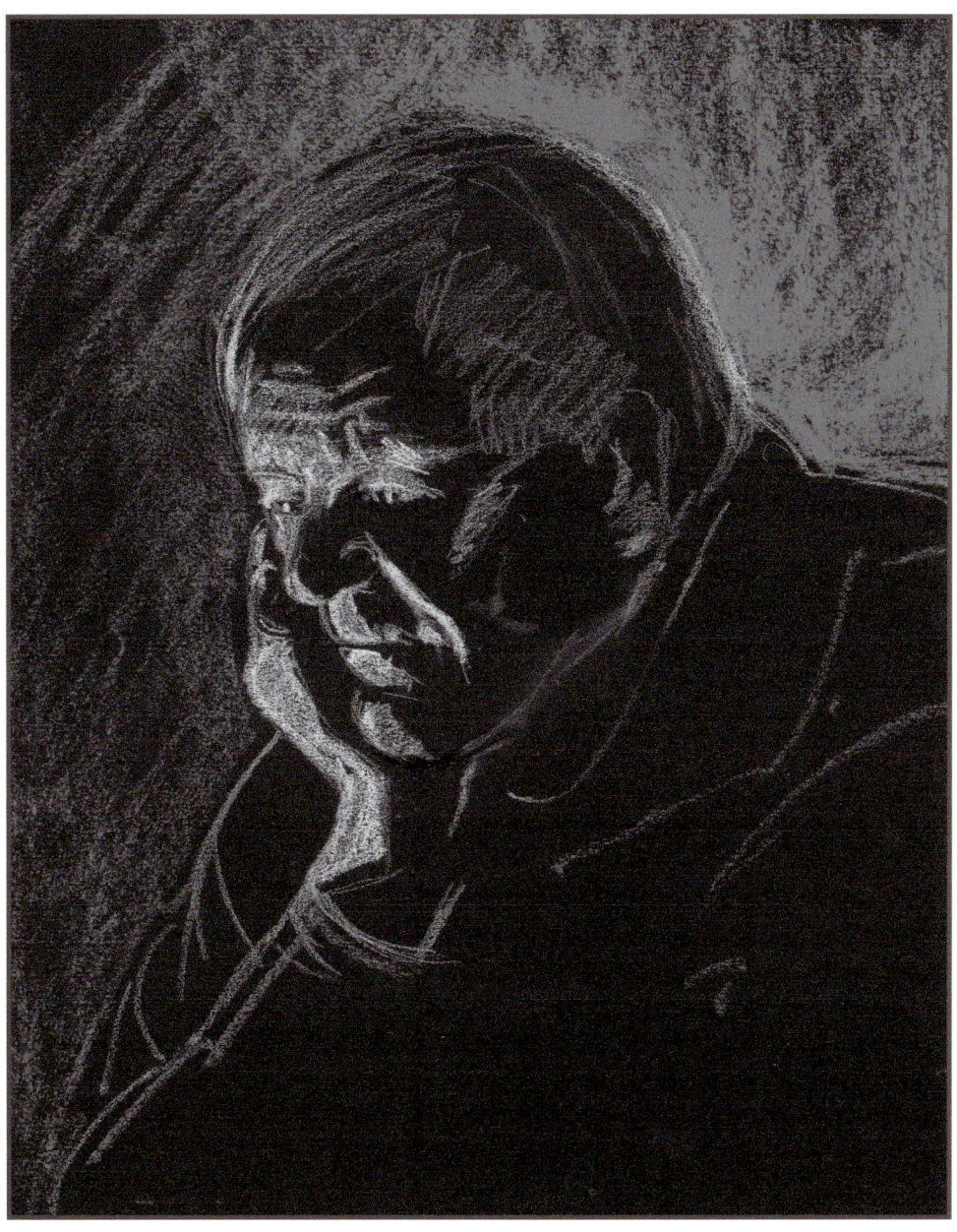

Eric ¡el lado oscuro!

Solo las zonas más claras están dibujadas con pastel blanco sobre papel negro. La falta de iluminación y la técnica «negativa» resultan en un retrato fantasmagórico, fruto de un enfoque diferente del retrato de una persona familiar.

Índice alfabético